親の介護をはじめたら お金の話で泣き見てばかり

知らなきゃ損する! トラブル回避の基礎知識

鳥居りんこ

ダイヤモンド社

はじめに

皆さん、ご存知でしたか？

「親が呆《ほう》けたら最後、親の財産は例え実子といえども事実上動かせない」という現実を！

私、知らなかったのであります。「親の財産は親が亡くなったら動かせない」＝「生きてればなんとでもなるんじゃね？」と思い込んでいたため、何の対策も講じていなかったのです。

親の不動産、定期預金、その他金銀財宝……。遺産を楽しみにできるのは大金持ちだけです。

遺産相続の前に、何年かかるかも分からない介護費用の負担を考えねばなりません。

介護に悩む皆さん、そしてまだ悩んでいない皆さん、この本は「来《きた》るべき歓迎しない未来」についてのシミュレーションです。

私がたどったドタバタ劇を「コイツ、アホだろ！」と笑いながらも、「待てよ、ウチはどうなっている⁉」とフト我に返るという位置付けにしていただけるとありがたき幸せです。

本文では相続関係の用語も羅列しておりますゆえ、正確を期すために専門家に監修をお願いしました。が、そこは「りんこ本」。「鳥頭りんこでも分かる」をモットーにしております。

難解用語を噛み砕き、ど素人の私のステージまで降りて来てくださった、気鋭のファイナンシャル・プランナー、栗田和彦先生と高柳達哉先生にはひたすら感謝です。

この本は、前作『鳥居りんこの親の介護は知らなきゃバカ見ることだらけ』の続編にあたります。この本から読み始めていただいても全く問題なくお楽しみいただけますが、前作と併せてご覧いただけますと、私のドタバタ振りがより一層伝わるのではないかと思っております。

前作をお読みいただいていない方のために、これまでのあらすじを簡単にご紹介します。


「末期ガン・余命3ヵ月」という自宅闘病生活を経た父を見送り、「やれやれ」とホッと一息つく予定だったこの本の登場人物「りんこ」とその姉「たい子」。

しかし、その葬儀の日、フト母を見つめたら、既に様子が変だった。

「オーマイガーー！　今度は母親の介護かーいっ⁉」

ハイ！　問答無用の介護奴隷生活開始。何も知らない介護初心者りんこがたどった6年間の右往左往は様々に展開し、結果、国指定難病と判明した母の自宅介護を諦め、老人ホームにお入りいただくことに成功する。（↑今ここ）

「やったー！　万事ホームにお任せさ〜！　ようこそ、アタシの自由な時間♪」とりんこは高笑いできるのか⁉（前作完）

さあ、この本は母が有料老人ホームにお引越ししたある年のクリスマスからのスタートです。

まずは有料老人ホームに入居一時金を支払わなければなりません。

「さあ、母よ、有り金、全部出してもらおうか！」

「鳥居りんこの介護本第2弾」はじまり、はじまり〜。

登場人物

前作に続き、この本の主人公。難病宣告にも動じず、ひとり暮らしを続けていたが、介護に疲れた娘たちに押し切られ、快適な「姥捨て山（本人談）」にお引越しなう。

余命3ヵ月宣告ピッタリで旅立つ、時間厳守男。婿には「いい人生だった」娘には「痛い！（怒）」と言い残し、肺がんのため、この世を去る。

田舎在住。未亡人歴が長いせいか、何でもひとりでこなしてしまうスーパー婆ちゃん。

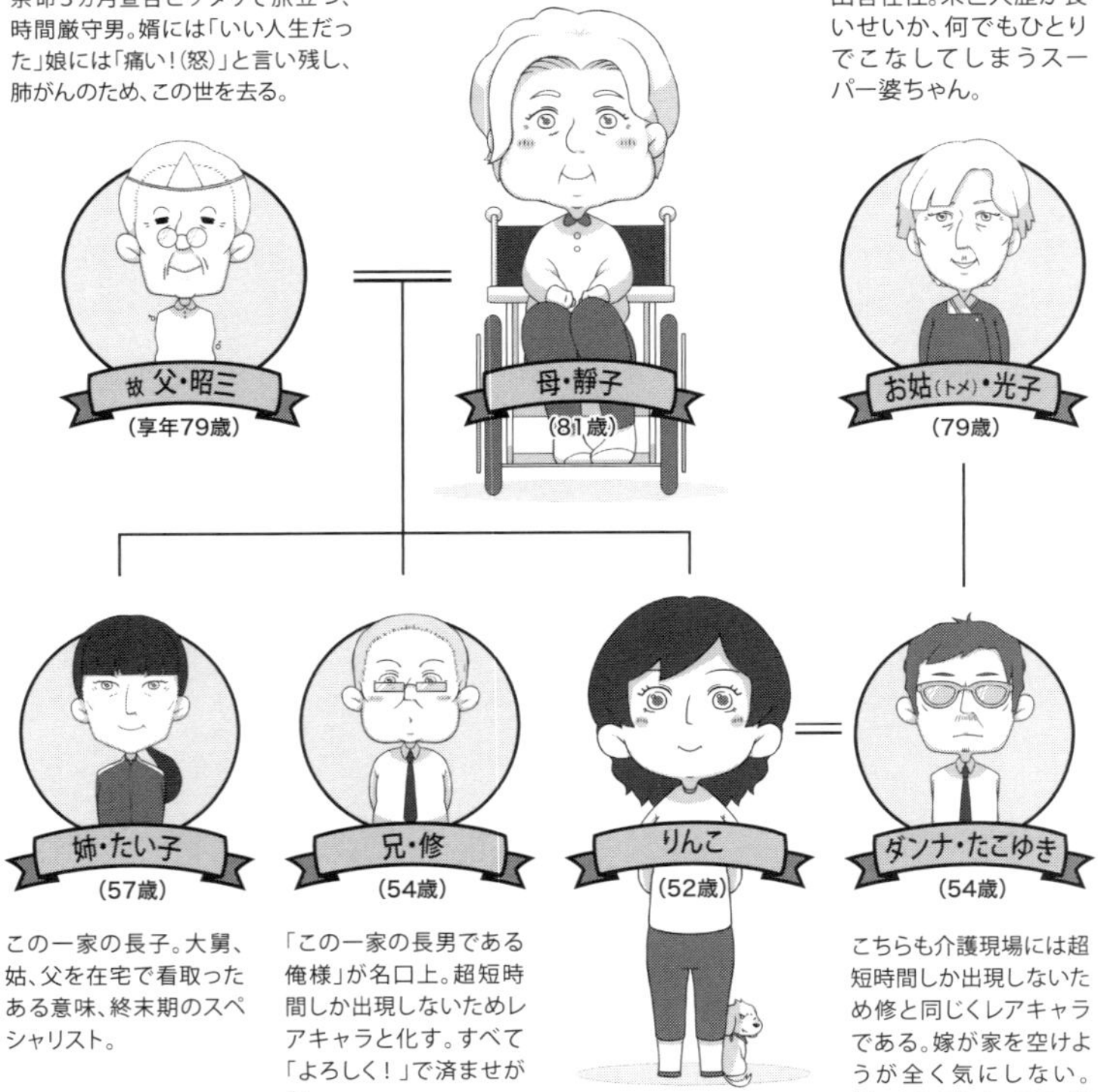

この一家の長子。大舅、姑、父を在宅で看取ったある意味、終末期のスペシャリスト。

「この一家の長男である俺様」が名口上。超短時間しか出現しないためレアキャラと化す。すべて「よろしく！」で済ませがち。

わが身は「末っ子」「別居」「遠距離」という介護治外法権だったはずなのに、気が付くと介護に巻き込まれ、更には「自分の住む町に母がお引越し」という運命の悪戯にあう。婆ちゃんが来た時期にふたりの子どもは家から独立したので、孤軍奮闘ぶりは否めない。ダンナと犬と漁村に住む。

こちらも介護現場には超短時間しか出現しないため修と同じくレアキャラである。嫁が家を空けようが全く気にしない。ほっといていいので、ある意味、めちゃ楽。

※年齢は母が有料老人ホームに引っ越した当時のものです

目次

＊本書の情報は2017年10月現在のものであり、内容は著者の体験に基づいた個人的な見解です。

第1章

高齢者狙いの詐欺被害編

なんで渡る世間は鬼ばかりなの？
まさか、私の知らないうちに
母が完全に騙されていただなんて……。

01 よりによって大手銀行に騙される（その1）

発覚のきっかけは、母の財産のすべてを把握しようとしたことだった

親の介護問題に直面した時、「一番ネックになるものを挙げよ」と問われたら、それはもう間違いなく親の財産の把握である。

「アンタ、いくら持ってまんねん？」ってことである。

これがだ、例え親子といえど、ダイレクトに聞くのはハードルが高すぎる。まるで子どもが遺産を楽しみにしている、すなわち、親の死を願っているように受け取られかねない懸念も拭えず、親の警戒度がマックスに跳ね上がるような気がするからだ。

子どもの立場からいえば、お土産（遺産のこと）よりも、現実的な**「これからかかるであろう介護に、どのくらいお金が使えるのか」**の心積もりはしておきたいものなのであるが、親が警戒していると感じた瞬間に「信用ないなぁ、自分……」ってことで、この話題は先送りになるのである。

それはつまり、切羽詰まらないと聞けないってことを指す。

わが家もご多分に漏れず、何も聞いていなかったし、母も決して話そうとはしなかった。

父が亡くなった時、私たちきょうだいは「遺産分割協議書」というものに「母が100％相続」ということでサインはしたが（このあたりの詳しいいきさつは、P67の「父の遺産相続編」を参照）、家屋敷のみであったため、現金がいくらあるかなんてことは聞きもしなかったのだ。

しかし、その切羽詰まった時期がとうとう来てしまったのである。

難病母(*)の自宅介護に限界を感じ、老人ホーム入居に踏み切ったので、その入居一時金を即金で支払わねばならなくなったのだ。

私は母に迫った。

「さあ、有り金、全部、出してもらおうか！」

母はかる～く言った。

「お金はX銀行のYさんに任せているから、来てもらわなくちゃ♥」

Yさんというのは X銀行のパートの外回りのおばちゃんで、母が長年、非常に信頼を置いている人物だ。

電話一本で呼ぶと来てくれ、現金も宅配便のごとくに手元に届けてくれる大変便利な、母にとってはありがたい存在である（実家はど田舎で不便だったので、こういう昔ながらのシステムが未だ生きているのだろう）。

母は言った。

「Yさんはとってもいい人で、何でもやってくれるし、何より親身になってくれて、資産を増

(*) 難病母：母は「進行性核上性麻痺《しんこうせいかくじょうせいまひ》」という治療法がない国指定の難病に罹患《りかん》していた。歩行障害などが徐々に進行して転倒を頻回に起こし、やがて寝たきりとなってしまう。

やしてくれるの！　毎月、30万も利息がついてるのよ！（喜）」

利息が月30万!?

いやだ、この婆さん。知らぬ間に、金、しこたま貯め込んでいるんじゃね？（喜）

母は父の生前から家計管理はすべて妻である自分がやっていると豪語していたため、「さすがに才覚がある人は違うわ」と改めて母を尊敬する。

翌日、Yさんがニコニコの笑顔でホームにやって来た。

「あら、お嬢様、はじめまして。このたびはいいご施設が見つかってよかったですね。お母様の大切なお金は、私が責任もって管理させていただいてますからね。何のご心配も要りませんよ」

私は聞いた。

「母のお金は、そちらの定期預金で管理されているんでしょうか？」

Yさんは満面の笑みでこう答えてくれた。

「お母様は当行の投資信託をなさっておられて、毎月、すごいご利益を上げてらっしゃるんです。お母様とは長いお付き合いですけど、素晴らしいご投資能力ですわよね」

投資信託？　なんだ、それ？　投資信託は証券会社の縄張りじゃねーんかいな!?

「ご資産をただ置いておくだけじゃ増えませんものね。普通預金、定期預金、タダみたいなお利息じゃないですか。それこそ、もったいない！　今は賢く増やす時代です。お母様は頭が大変およろしい方で、賢くていらっしゃるので、ね～、お母様」

「個人で相場を見る株などと違いまして、当行のプロ集団が自信を持って運用している投資信託ですから、まず圧倒的に信頼度が違いますよね」

Yさんは営業センス抜群なんだろう。立て板に水だ。

こちらが口を挟む余地を一切与えず、いかに母が素晴らしい投資能力を持っていて、運用実績を上げているかの熱弁をふるうのだ。

「お嬢様、見てください！　こんなに分配金がたまっているんですよ～」

月々、きっちり30万円が振り込まれている通帳を誇らしげに私に見せたYさん。

「お母様は**毎月分配型投資信託**をやってらっしゃいますので、**1ヵ月ごとに運用成果を分配金としてお支払いしてるんです。**ほら、毎月こんなに分配金を振り込ませていただいているんですよ。すごいでしょう？　お嬢様も１００万から始めましょうよ。お勧めしますわ～」

「アタシもやる！」とタヌキと化した私だが、瞬間、思った。

思ったというよりは感じたのだ。

「ナゼ、タニンノオマエガ、アタシノ、ハハノツウチョウヲ、アタカモ、ジブンノモノノヨウニ、アツカウノカ？」

Yさんに対し、言葉では上手く言い表せない不快感があった。

TORII ★ 02 ★ RINKO

よりによって大手銀行に騙される（その2）

母が利息だと思っていた分配金の正体とは……

一瞬、何か引っかかる嫌なものは感じたのだ。

「あなた、残念ね。あなたのお母さんの全預貯金を把握しているのは実の子のあなたではなく、他人である営業マンのこのワタクシ！　おーほほほ、ひれ伏しなさい！」

とでもいうような勝った感満載のYさんから発せられるシグナル。

しかし、私はその時は既に欲にまみれていたもんだから、そんな感情、すぐに消し去り、パンフレットをもらった。ついでに姉にも渡してやった。

「姉妹で月ウン万の分配金を貰おうではないか！　**ブラボー！　投資生活!!**」

姉も大乗り気だ。深夜、喜び勇んで姉は義兄にパンフを見せる。しかし、見せたとたん義兄の顔色は一瞬にして変わり、姉にこう言ったらしい。

「**おいっ、婆さんは騙されているぞ!!**　リオ五輪熱もワールドカップ熱も消え失せた今になってレアル建て債権で投資だと？（怒）　お前、すぐに銀行に行って調べてこい！　婆さんはカモにされているんだぞっ！」

翌朝、姉は母のところに飛んで行き、母を問い質した。

すると母は言ったそうな。お気楽に言ったそうな。

「騙されている？　そんなことないわよ。何にしろYさんのおかげで利息が増えているんだから。だってX銀行さんだよ？　そんな変なことになってないわよ、大手銀行なんだし！」

「実は言わなかったけど、**3千万預けてあるはず**だから、あなたたちが心配する介護費用は私が死ぬまでくらいは十分あるわよ。**あなたたちにご迷惑はかけません！**（きっぱり）」

その3千万がすごいことになっているなんて、その時タヌキ姉妹には想像するだにできなかった。

とにかく、私と姉は母を連れて急ぎ銀行へ行くことにした。

朝早くに自宅を出て、母を迎えに行き、姉と一緒にX銀行A支店へと乗り込む。

銀行側は慣れている。暴れられでもして、他のお客様に万が一にでもご不審がられては困るのだろう。即座に奥まったところにある応接室という立派な部屋に通された。

部長さんと名乗る人と、課長さんと名乗る人が出てくる。

「Yさんを出してください！」

さすがにパートのおばちゃんを矢面に出すことにはためらいがあるんだろう。

「節目節目には私もYと共にお母様のご自宅に出向いて、お話させていただいておりますので、お話は私どもが承ります。お母様！　お母様がくださった自家製の梅ジュース、さすがなお味でございました。お母様、何でも手作りされていて、しかも美味しく、ご立派ですよね」

とは部長さんである。母は有頂天だ。

「まあ、あんな物を！　お口に合いましたかしら、おーほほほほ」

そんな話、どーでもいいんだよ！　3千万、あるのか、ないのかって聞いてるの‼

「投資信託のご案内」という表が出てきた。

えっと、どうやって見るんだ、これ？

投資金額が1千万？　手数料が30万？

え？　何、これ？

債権ブラジルレアル、評価損益200万？

運用損益額のマイナスの表が出るわ、出る。

ええー⁉　USハイファンドって何？

「……つまり、母は外国投資信託に引っかかったってことですよね？」

「いや〜、引っかかったというのは語弊がございまして、この表をご覧いただければおわかりでしょうが、利益を上げている物も当然ございます」

はぁ？　**アンタたちその度に数十万の手数料取ってんじゃん‼**

「1千万ご投資されたとして、これですと、購入時のお手数料が3・15％でございまして、基準価格が1万口当たりですね、えーと、こちらのお値段で、こちらで売却されますと、解約お手数料が0・1％でして、云々かんぬん……」

部長さんは**「常識ですね」**という態度を貫いて淡々と説明してくれるのだが、要するに、母は銀行に言われるがままに頻繁にハイリスク・ハイリターンの金融商品を売り買いさせられ、多額の手数料をぼったくられていたのである。

「あのぉ？　おバカでよく分からないんですが、つまり、今、いくらあるんで？」

「そうですね～、今現在の評価額ですと**1千万は切ってしまわれるかと……**」

はいー!?　3千万はどーした？　3千万は！

部長さんは早口になって、姉妹には意味不明な専門用語を駆使しだした。

課長さんは微動だにしない。

「Yさんは毎月30万円も分配金が出ている！　って大見栄きられたんですよ？　実際には大損じゃないですか!!」

「お嬢様におかれましては当然ご承知だとは存じますが、お母様にお申し込みいただいた**『毎月分配型投資信託』**は、毎月分配金をお支払いすることになっております。仮に運用期間中に収益が発生しない場合でも、お預かりした元本を取り崩して払い戻す**『特別分配』**として分配金をお支払いしているんですね。それが月々30万円ですかね～、はいはい」

なんと、**母が利息と思い込んでいる分配金は「タコ足配当」だったのだ！**

TORII RINKO 03

よりによって大手銀行に騙される（その3）

一体どのくらいの高齢者が、この金融商品の内容を正しく理解しているのだろう

「タコ足配当（タコ足分配金）」とは、タコがわが身の足を食べて生きながらえようとするがごとく、利益も出ず、元本割れを起こしているのに、月々、決められた金額が元本から振り込まれてくるシステム。恐ろしいことに合法である。

銀行員、しかも偉い人の口から直接 **「お母様への月々の分配金30万円は、いわゆる、タコ足配当でございます」** と言われ、私たちアホ姉妹はようやく事の重大さに気付くのである。

はあ～？　よくもこんな80も過ぎた国指定難病にかかっている、おまけに片目が見えないお婆さん相手にやってくれたもんだな！

ここで今まで一言もしゃべらなかった課長さんがこう言った。

「はいー。そうですね、投資信託については、**退職金を投資してスッカラカンになった人の話もよく聞きますよね。**はいー、はい」

「はいー、はい」じゃねぇっての、ボケ！

退職金をスッカラカンにって、それはオメ～ら金融機関がやったんだろう？

シレッと言ってんじゃねー!!

今度は部長さんが自信満々にこうおっしゃった。

「お母様はすごくしっかりなさっていて、頭の良い方ですよね。私どもの説明も本当に良くお分かりいただけたと思っていたんですが、こういう誤解がもしあったとするならば、私どもの説明、気持ちですかね。ええ、気持ちをもう少し、届かせればよかったかなぁという反省ですね、こういう反省の気持ちですかね、ええ、ええ」

そして、母がマル印を付け、ハンコをついたという書類を見せてくれたが、そこには、**「3番：ハイリスク・ハイリターン商品でお金を増やしたい」**に大きくマル印が付いていた。

婆ぁ！　婆ぁなんだから、おとなしく**「1番：利益が出なくとも、堅実に運用したい」にマルしとけよ!!**

とにかく私たちが急に来たため、詳しい書類がすぐには出せないということで、後日再訪ということになり、その日はお開きになった。

母に詰め寄る。

「特別分配金を利子と思ったな？」

母は言った。

「そんなこと知らないも～ん」

この婆さん、都合が悪くなったから逃げの一手を決め込んだ。

あんなに「わが家の大蔵大臣はこのアテクシ」と豪語していた母がまさかの「ザル」とは⁉

しかし、毎月分配型投資信託をやっている高齢者の中で、一体どのくらいの人が、**「毎月振り込まれるお金が、預けたお金の運用益だけではなく、元本を取り崩して供出されている可能性が高い」**ということを認識できているのだろうか……。


親の存命中には財産を狙っているように思われるのも気が引けて、例え実子であっても「親に財産がいくらあって、どう運用しているのか」については全く蚊帳の外に置かれてしまう。

その家族の微妙な人間模様をピンポイントで突いてくる金融機関のやり方が許せない。

銀行は母に資産がどれくらいあるのかも調査済み。

しかも銀行の信用を織り交ぜて、言葉巧みに誘導している。

「親切丁寧すぐやる課」とばかりに母の呼び出しに応え、話し相手になり、便利屋さんのような細かい用事（はがきを出すとか、その類《たぐ》い）もやってくれていたのではないかと想像する。

今も母は騙されたとは露ほども思ってはおらず、**「銀行さんが私を騙すようなことをするわけないじゃない！**　Yさんは本当にいい人なのよ」とぬかしやがる。

母は大金が詐欺のような形で消えているのに、小ボケているのか、大してこたえた風でもなくこう言った。

「あ〜あ、損しちゃったな！　お父さんに悪いなぁ。でも、あの人は私にひどい仕打ちをしたんだから、これでおあいこね」

ひどい仕打ちとは50年前の父との喧嘩のことなんだが、その話はもう1万回は聞いている。

「あのさ〜、お父さんが遺してくれたお金なんだから、ありがたいと思わないと！」と諫めると、母はこう返してきた。

「いーえ、あの人（父）は何もしてないわ！　何でもバンバン使って、私が辛抱に辛抱をしてお金を貯めたんです！」

父がバンバン何かを買って、贅沢をしたというイメージがない私は面食らうが、いずれにしても母の大切なお金だ。どうにかして取り返したい！

老後のための貴重な蓄えと知っていながら、それを躊躇なく高リスクな金融商品に投資させるX銀行のやり口……これが正義といえるのだろうか？

私はX銀行の部長さんにこう聞いた。

「トラブル救済機関なんていうのはあるんですか？」

部長さんは「待ってました！」とばかりに、用意していた「金融トラブル救済機関」のパンフレットをくれた。**戦ってもお宅に勝ち目はないよ！　との勝利の笑みを添えて。**

銀行が、このような救済パンフレットを完備しているところがまたすごいのだが、逆に言えばこの種のトラブルが多いことの裏返しなのだろう。私は救済機関に早速、電話した(*)。

(*) パンフレットに記載されていた電話番号
・証券金融商品あっせん相談センター（0120−64−5005）
・金融庁利用者相談室（0570−016−811または03−5251−6811）

04

よりによって大手銀行に騙される（その４）

「その相談、多いんですよ」。救済機関の人は「またか」とばかりに話し出す

投資信託には値動きがある。儲かることもあるだろうが、損もするという博打のようなものだ。儲かれば、その一部から「普通分配金」というものが出る。ここまでは理解できる。

しかしである。母が引っかかった「特別分配金」という字面は、「儲かった人だけに与えられるＶＩＰ待遇の特別な分配金」と錯覚しろと言っているようなものである。

しかし、その実態は「タコ足配当」。

つまり、儲けがないのに分配金を出し続けるのだ。どこから？

それは、「自分が投資したお金の一部を払い戻す」という作業を延々と続けていることに他ならない。

『毎月分配型投資信託』の分配金というものは、毎月決まった日に支払われる。

ここで儲けが出ていれば「普通分配」だし、**儲けが出ていなければ「特別分配」として自分の資産を払い出すのだ。**

何故、そんなシステムがあるかと言えば、資産のあるリタイア世代がその資金の取り崩しを

承知の上、月々の年金として受け取っているものだからである。自分のお金を合理的に取り崩し、老後の生活に充てるという趣旨。つまり『毎月分配型投資信託』というのは、投資のことがよく分かっておられる大金持ちのやることなのだ。

許せないのは「特別分配」という言葉を使って、銀行が元本の取り崩しを利益のように錯覚させて積極的に販売していることだ。素人では「特別」という単語の響きに惑わされてしまう。「定期預金自動解約装置付き元本割れ投資信託」と正直に名乗れよ、腹の立つ！

母は**「だって、毎月振り込まれていたじゃない？　なんで私が元本割れしちゃうの？　ちゃんと預けています！」**と逆切れ状態である。

母にどんなに言葉を尽くそうとも、特別分配の仕組みを分からせることはできなかった。

X銀行に対する怒りが収まらない私は、救済機関に電話をし**「これは詐欺ではないのか？」**と強い口調で訴えた。

救済機関の人は「またか」とばかりに話し出す。

「もうね〜、その相談、すっごく多いんですよ。お宅はまだマシですよ。いくばくかは残っているんでしょ？　大抵の人がスッカラカンにされて気が付くんですよ」

「しかも銀行だったから、まだ良かったんですよ！　大抵、業者が既に消えていて、経緯が家族には全く分からないなんてこともたくさんあるんですから。つまり、戦う相手が既に居なくなっているってケースがいっぱいあるんです」

「え？　お母様がボケているかもしれない？　ボケているなら、その方が分が悪いですよ。家族はボケているのを承知なのに、財産管理をしなかったんですからね。**家族に落ち度があることになるんです**」

「ボケてなくても、損金を主張するのは大変ですよ。結局、お母様が納得して、サインして捺印しているんですよね？　もう相手を突けるところと言ったら、この取り引きを始めた時に、銀行がどういう勧誘をお母さんにしたのかってことだけですね。銀行には『**顧客カード**』というものが必ずあるはずです。これには顧客の全資産がどのくらいあるのかなどが記入されているものですが、まずはこれを提示してもらいましょう」

「つまりですね、5億持っている人が3千万投資して、それが失敗となっても、そんなに困窮するような話じゃないですよね？　でも、3千万しか持っていない人が3千万投資して、それがその人の全財産であるならば、破綻は目に見えていますよね？　**銀行側が全財産と知っていて、それも考えずに勧誘するのはNGなんです**」

「それから、**売り買いの回数を見るべきです。**回数が異様に多いなら、それは銀行側が手数料目当てと言われても仕方がない。これらを見るために『**顧客勘定元帳**』**を見せて欲しい**と言ってください。これはパソコンですぐに取り出せるものですので、時間はかからないはずです」

「それらを見せてもらった上で、先ほども申しましたが、〝勧誘の仕方がどうだったか？〟が鍵になりますので、お母様がどういう言葉で勧誘を受けたのかを調べなければなりません」

「お母様は、『この金融商品は、安全で確かな商品で定期預金と同じと思っていただいて結構です』とか『定期だと利息は大したことないですよね。安心安全なこちらの商品はいかがですか？』とか言われて勧誘を受けたんですよね？　でしたら、例え書面で〝ハイリスクハイリターンでＯＫ〟の意思を書いていても、**『自分は元本保証と思っていました』『リスクは困ると言いました』と主張することです**」

「これらを調べていただいて、それからもう一度、お電話ください。私ども相談員が事業者にそれを伝えて、調査を依頼します。その結果を事業者だったり、相談員だったりがお客様にお伝えします。これでご納得いただけない場合はですね、「斡旋《あっせん》」という申し立てがございます。これは弁護士である斡旋委員が中立な立場で双方の主張を聞き、和解案を作るのですが、残念ながらこれがご納得いただけませんと、斡旋打ち切りとなり、後は裁判という公開の形になりますね」

まずは『顧客カード』と『顧客勘定元帳』を銀行から見せてもらい、母がどういう取引をしていたのかを把握する。

そして次に、母が本当に元本保証と信じて疑っていなかったのか、どういう言葉で勧誘を受けていたのかってことを調べないといけないというわけだ。

うわー、ものすごく面倒臭い！　こりゃ裁判に訴えても、手間と時間と金とが相当かかるということがうっすらわかる。しかも、勝つ保証はないのだ……。

TORII RINKO

05 よりによって大手銀行に騙される（その5）

いよいよ決戦！　家族総出で銀行に乗り込んだが、予想だにしない決着が待っていた

2回目は、兄も交えた母、姉、私の4人の家族総出でX銀行に乗り込んだ。

何故、兄も連れて行ったのかといえば、兄の方がまだ姉妹よりも業界用語に詳しいと踏んだからで、更に言えば、こんなになっていることを黙っていて、後でバレでもしたら面倒だという「大人の事情」が働いたせいもある。


兄は仕事で慣れているのだろう、銀行が出してきた「母の取引一覧」の表をひとつずつなぞりながら、ファンドの名称やら、投資金額、運用損益額などを銀行と共に確認していた。

その話を聞くに、利益を生んでいるものもあれば、大損くらったものもあり、その上、父の存命中から長きにわたり父がリスク承知で運用していたような形跡も見られ、3千万なんて数字は父の存命中、一瞬はあったのかもしれないが、**元々そんな大金はなかったということがうっすらと見えてくる。**

それより何より、**母自身が父亡き後、現金をガンガン使っていたということも判明**し、こち

らの形勢は一気に不利になる（汗）。

「ここ、現金で200万下ろしているよね……何に使ったんだろう」

「あっ！　自宅の壁とか、屋根とか塗り替えたし……それだ！」

「これは？　100万下ろしているのは？」

「う〜、これは祖母の1周忌法要を兼ねて、一家で豪遊した時では？」

なーんてことが次から次へと出てきた。

確かに運用失敗もあるし、もちろん「詐欺だ！」と糾弾したいくらいの頻繁な売り買いによる手数料徴収もあるのだが、**母本人が自分で使い込んだお金がかなりの額存在する**（母個人の贅沢ではなく、自宅の修繕費や法要費用など、ある意味では必要経費ともいえる）という実態が、おぼろげながら炙り出されてきたのである。

「月々利息が入って来ると思い込んで、気が大きくなったか」

と思ったのだが、実際、きょうだいはその金の恩恵を受けている（自分の身銭を切っていない）ので、母を責められない状態になった。

「私は何も使ってない！（から、お金を下ろしていない）」

こうその場で言い放った母であるが、預金通帳には特別配当のお金が振り込まれ続けているので、高齢者が貯蓄は増えていると錯覚したとしても無理からぬことではないか……。

兄は目の前の部長さんにこんなことを尋ねた。

「このシリーズのファンドでことごとくやられていますけど、『格付けB（債務履行の確実性に乏しく、懸念される要素がある債権）』もしくはそれ以下ですよね？　部長さんだったら買いますか？」

「え〜、まあ正直なところ買いません。え〜え〜」

「私が言っているのは、**これは『適合性の原則』(*)からの逸脱じゃないですか？**ってことです」と兄。

その言葉を引き取り、部長さんは恐ろしいことを言ってのけた。

「う〜ん、おっしゃるとおりなんですが、今やメガバンクでもこのやり方が当たり前になっておりまして。その何と申しますか、金融機関の数字はですね、こういうお手数料をいただいての数字で成り立っておりまして……」

「まあ正直、ご高齢の方にお売りするのはどうかとのご意見も承知しているのですが、お母様には私どものご説明を聞いていただき、ご納得されたと思い込んでいたのが、ひとつ反省点と言えば、そうですね……」

銀行自らが、「年寄りに売ってはいけない」という自粛ラインを「数字を上げるために無視している」と認めたのだ。

数字を上げるためには年寄りをだまし討ちするような形で、**自らは恐ろしくて手が出せないという、低い格付け債券を売り付ける手管がまかり通っているというのが実態なのだ。**

(*) 適合性の原則：顧客の知識、経験、財産の状況、金融商品取引契約を締結する目的に照らして、不適当な勧誘を行い、投資者保護に欠けることをしてはならないという規制のこと。

しかも、驚くことに母の取引記録には『格付けB』ならばまだしも、『C（債務不履行に陥る危険性が極めて高い債権）』や『D（債務不履行に陥っている債権）』もある。

商品パンフレットには「B以下の格付けの事業債、および格付けされていないか、それと同等の信用力と考えられる事業債へのご投資＝高利回りであることが大きな特徴」と謳っているのである。

しかし、手数料の問題はあるけれども、結論的には**母が投資した分はトータルで見れば、そんなに損をさせられていない**ということで、この問題は決着した。

母は兄の言った「お母さん、トントンだったよ」という言葉に大喜びで、「ほら、私は間違っていなかった！」と、責めた姉妹に勝ち誇ったような顔を見せた。

3きょうだいの「母が貯めたお金は、母が死ぬまでに自分で使い切ればそれでいい」という思いやりで幕引きをしたとも露知らず、つくづくメデタイ婆さんなのだ。それにしてもX銀行はあくどい！　つぶれちまえ!!（怒）

教訓　看板に偽りあり。羊頭狗肉に気を付けろ！

06 今度は通信販売で騙された？

高齢者を中心に被害が急増している「送り付け商法」。ついに母も被害者か？

ある日、私はホームからお呼び出しを受ける。

「お嬢さんに確認していただきたいものがあるんです」

急行したところ、母宛ての段ボールが届いていた。

送り主の欄には聞いたこともない業者の名前と、縁もゆかりもない都市名が書いてある。

「これ、何か分かりますか？　りんこさん、頼まれました？　心当たりは？」

とホーム側。

心当たりも何もあったもんじゃないが、開封すべきか、否かでその場が揉め出した。

「これ、流行りの『送り付け商法』っていうのではないでしょうか？」

と若い介護士さん。

ええー!?　そうなの？　勝手に送り付けて、開けたら、買わないといけないってやつ？

でも、開けないことには何が入っているかも分かんないし……。

侃侃諤諤《かんかんがくがく》の議論の末、「開けてみる」ということになった。

恐る恐る開けてみる。

……「なんちゃらシジミエキス」と書かれた瓶が出てきた。

振込依頼書にはこうあった。

「金1万2千円也」。

はいー⁉

冗談じゃない！　こんな悪徳商法、断じて許すまじ！

一応、母にも注意喚起をしとかねばならん。うっかり、開けでもしちゃったら大変。私が支払いに行かねばならないという悲惨な目に遭う。

「ちょっと、お母さん、聞いてよ。今、こんな物が届いて……」

詐欺だから、気を付けるように！　と言いかけた私の耳に母の嬉しそうなこんな声が飛び込んできた。

「あらー、やっと来たのね。待ってたのよ！」

はいー⁉

アンタが頼んだんかーい⁉

送り付け商法じゃないじゃん！

「これね〜、テレビでYさん（タレントさん）がすっごくいいって言ってたから、申し込んだの♥」

はいー⁉

こんなんに1万2千円⁉

バッカじゃないの？

何のために飲むんだよっ‼

母はニコニコしながらこう言った。

「こないだね、修（兄の名前）が『胃の調子が悪い』って言ってたの。だから、これがいい！ってひらめいて電話したのよぉ～♥　あ、りんこ、支払い、しといて」

はいー⁉

胃の調子が悪いって単なる食いすぎだろ？

しかも、**シジミは胃じゃなくて肝臓では？**

もう、どっちでもいいけど、なんで、私が兄のために銀行に行ってお金を下ろして、郵便局に支払いに行かないといけないんだよっ‼

しかも今時、コンビニ払いでもないという選択をするか？　**嫌がらせかっ‼**

「あ、そうなんですね。お母さまがご自分でご注文なさったんですね……」

老人ホームのスタッフさんたちも困惑気味だ。

母からは、

「修が来たらシジミエキスを渡さなくちゃいけないから、りんこ、絶対に忘れずに言ってね」

としつこいくらいご下命いただいていたが、その数週間後、兄が来たのにシジミエキスの瓶はそのままだった。

「あれ？　なんで、ここにあるの？　渡さなかったの？」

と私。

母は寂しそうにこう言った。

「なんかね、要らないって……」

兄も兄だ！　おとなしく、そこは「ありがとう」ってもらっとけよ！

しかし、事件は続いた。翌月もその翌々月もシジミエキスが届くのだ。

兄が持って帰らないというのに、母は解約しない。いつの日か兄がシジミエキスを持って帰り、健康を回復することを願っているみたいなのだ（兄は十分健康なんだが……）。

しかし、とうとう瓶のストックが４本になった段階で母は諦めがついたらしい。

母は私にこう言い放った。

「邪魔だから、りんこにあげるわ。ありがたく飲みなさい」

はらわたに怒りのエキスが溜まるのを感じながら、私は速攻で業者に解約の電話を入れた。

TORII 07 RINKO

通販でお金を浪費する母

買い物依存的に無駄金を使うのだが、母が本当に欲しかったものは……

母はシジミエキスの一件で少しは反省したかと思ったのだが、逆にそれ以降、通販での買い物依存が高まってしまったようで、「テレビショッピング」を見ては、携帯電話を使って次々といろいろな商品を注文するようになってしまった。

化粧品、洋服、貴金属……。いろいろな所から様々な段ボールが届く。

その中でも**群を抜いて多い買い物が「健康食品」であった。**

「膝に良い！」「目に効く！」「物忘れ防止に効果抜群！」とテレビが言えば、即、購入。

そんなわけで「健康食品」の山が作られ、お店を開けそうなほど商品が集まり出した。しかも、母はそれらを消費しないので、たまる一方なのである。

母はクレジットカードには未加入だし、ホームでは代引き禁止。「銀行口座自動引き落とし」という面倒な手続きを母が踏めるわけもなく、結局支払いは振込用紙オンリーとなる。

当然、支払い担当の私は余計な手間暇にうんざりして、こう怒る。

「飲まないんだから、要らないじゃん？」

母は都合が悪くなると、昔はヒステリックに怒鳴り散らして、その場を収束させる技を駆使していたのだが、年を取ったせいか、作戦を変更したらしく押し黙り続けるのだ。

私は腹立ちながらも、横目で押し黙ったままの母を見つめる……。


大前提として、「これらすべては、母が、母の意志で、母のお金を使って、買ったものである」ということがある。つまり、支払いの手間はあれども、基本的には何を買おうが、それを使おうが使うまいが母の勝手なのだ。

私は更にふたつのことを考えた。

誰でもそうだが、箱を開ける時のワクワク感と言ったら、特上だ。幼い時、サンタさんからのクリスマスプレゼントを至福度マックスで開けた瞬間のことを思い出せば、すぐ分かる。

外に出たくとも自由には出られず、食べたいものも瞬時には食べられず（外出も食べ物も家族頼みになる）、これはダメ、あれはダメという制限の多い「ホーム暮らし」で「ワクワク感」を感じるとしたら、もう通販しかないのだ、多分。

そして、もうひとつ。

母は寂しいのだ。母はホームに入居してからというもの「帰りたい」とか「嫌だ」ということを言ったことはないが、よくこんな風に怒っていた。

「周りがボケばかりで、自分までボケてしまうわ！」

いやいや、お宅も十分、小ボケてますけど？　とは思うのだが、実際問題、介護付き有料老人ホームというものは「介護を必要とする」から、もっと言えば「自宅ではとても看きれない」から入るのであって、その症状は重いのだ。普通に会話できる人の方が圧倒的に少ないという現実がある。

この当時の母の頭の回転は普通であったので、母は入居者同士での「立ち話程度の普通のおしゃべりもできない」という現実にイラついてはいた。

それゆえ、私は頻繁にホームを訪れて「母の娯楽＝おしゃべり」に付き合わなければならなかったのだが、当然ながら同居のように対応することはできない。だから母のフラストレーションは、どんどん溜まっていったのだろう。

これは想像だが、商品は何でも良かったんだと思う。

母が本当に欲しかったのは、「まともな会話」だったんじゃないだろうか。

電話の向こうの優し気なオペレーターとの束の間の会話だけが、母にとっての「自由なおしゃべり」になったのであろう。

ならば、それを一瞬でも味わえるのであれば、プライスレスではないのか？

「支払いに行く身にもなれ！」とか、「使わないなら、もったいないから止めろ！」とかいう理由で、母からその楽しみを奪うことはできなかった……。

「静子さん（母の名前）、あなた、買い過ぎよ！　こんなのをひとつ止めれば、最新式車椅子だってレンタルできるのよ！」とホーム長が母に言う。母の使用している車椅子は古いため、「重いわ、小回りは利かないわ」で私も困るし、実はその車椅子はホームが緊急時用に保管している備品なので、ホーム側も個人使用に良い顔はしていないのだ。

けれども母は、「レンタルひと月7千円」の金額にどうにも首を縦に振らない。

「無料で使えるものがあり、現に今使っている。それなのに、何故それを使うのを止めて、わざわざお金を払ってまで新たに借りる必要があるのか！」という理論武装で徹底抗戦してくる。

ホーム長は、母が「車椅子」という本当に必要なことにお金を使わず、買い物依存的に無駄金を使うことを憂慮していたので、「りんこさんが勝手に止めちゃえば？」って私に何度も進言してくれた。

思い切って私が母の携帯を取り上げてしまうことも可能かもしれない。でも、その勇気が持てずに日だけが漫然と過ぎ、商品だけが積み上がっていくのであった。

しかし、ある日突然、その事態に終止符が打たれる日がきた。

通販会社からの督促状が届いたのである。

通販の払い込み用紙は段ボールの中に商品と共に入っていて、私が面会に行く度に、「はい、これね」と母が渡してくれるのが常だったのだが、**母は払い込み用紙をそのまま捨ててしまうようになったのだ。**私も職員さんもゴミ箱を丁寧に見るのではあるが、やはり抜けが出たらしく、結果、めでたく「督促状」だ。

　これには慌てる。念のためひとつひとつの通販会社へ、支払い漏れがないかの連絡をしなければならなくなったのだ。

　そんな中、ある通販大手からこういう知恵を授けていただいた。

「ご事情、承知しました。それではお嬢様、ご提案なのですが、私共はお母様からのお電話でのご注文は今までどおり普通に承ります。それで発送前にお嬢様に『**お母様からご注文をお受けしましたが、発送してもよろしいですか？**』という電話連絡をさせていただきます。そしてお嬢様からのＯＫをいただいた後に、お母様への発送準備に入るということでいかがでしょうか？」

「うわ〜、そういうシステムがあるんですね？　じゃあ、事前に母が何を注文したかの確認ができるのですね？　助かります〜」

　私は小躍りした。**さあ、母よ！　思う存分、買うがよい‼**

　ところが、その頃を境に母の通販ブームが潮を引くようになくなったのだ。あんなに他人様とでもいいから「普通のおしゃべり」がしたかったはずなのに、携帯電話を操る能力の方が先に衰えてしまうなんて……。

　母はひとつひとつの段階を丁寧に踏むように、今までできていたことが、少しずつできなくなってしまうのだった……。

知らなきゃ損する！

高齢者詐欺に関する基礎知識

高齢者の被害件数は年々増加！施設に入所していても要注意

国民生活センターによれば、契約当事者が70歳以上の被害相談件数は、**2015年度には約18万件**あったとのことです。悪質業者は、言葉巧みに高齢者の不安をあおったり（「お金」「健康」「孤独」が高齢者の３大不安と言われています）、親切にして信用させたりして、高齢者の年金や貯蓄などの財産を狙ってきます。

介護施設に入所していれば被害に遭うことはないと思いがちですが、「絶対に安心！」とは言い切れません。携帯電話やスマートフォンなどを日常的に使う高齢者も増えていますし、ひとりで自由に外出できる施設であれば、外出先で悪質業者に騙される可能性もあるのです。

このページでは、ここ数年被害が増えてきている、「送り付け商法」の対策についてまとめてみました。

◉「送り付け商法（ネガティブ・オプション）」とは

注文していない商品を勝手に送り付け、その人が断らなければ買ったものとみなして、代金を一方的に請求する商法です。

〈トラブルの実例〉

「注文のあった健康食品を代金引換で送る」と電話があった。「注文した覚えはない」と伝えると「確かに注文している。代金は２万円。支払わないと訴える」と脅された。翌日業者が言ったとおり商品が届いてしまった。（70歳代　女性）

（国民生活センターホームページより）

◉「送り付け商法」の対策

- 申し込んだ覚えもなく、購入するつもりがなければ、最初の電話できっぱりと断りましょう。
- 断っても商品が届いてしまったら、商品の受け取りを拒否します（電話で勧誘されて承諾してしまった場合には、クーリング・オフが可能です）。
- もし商品を受け取ってしまっていたら、その商品を着払いで返送すれば問題ありません。返送する作業が面倒な場合は、「特定商取引法」によって認められている、次の２つのいずれかの行動をとってください。

(1) 商品が届いた日から14日間保管し、その間に業者が商品を引き取りに来なければ処分しても問題ありません。
(2) 商品を送り付けてきた業者に連絡して、引き取りに来るよう要求し、それから７日間保管しても引き取りに来なければ処分しても問題ありません。
ただし、期間経過前に商品を使用したり、消費した場合は、購入を承諾したものとみなされるので注意しましょう。

◉請求書がしつこく郵送されてきた場合

請求書の受取拒否をしてください。具体的には、

①請求書の入った封筒を開封せずに、
②メモ用紙に「受取拒否」と書き、そこに署名または印鑑を押し、
③そのメモ用紙を送られてきた封筒に貼り付けます。

それをポストに投函するか郵便局に持って行けば、受取拒否となります。

りんこの ワンポイントアドバイス❶

トラブルに遭ったら、「消費生活センター」へ相談しましょう！
悪質商法による被害などの相談に応じてくれ、相談内容によっては問題解決のための助言などもしてくれるのが全国の「消費生活センター」の消費生活相談窓口です。
ほとんどの市区町村に消費生活相談窓口が設置されていますが、消費者ホットライン**「局番なしの188（いやや！）」**に電話すれば、日本全国の最寄りの消費生活相談窓口を案内してくれます。詳細は「国民生活センター」のホームページで確認ください。

第2章

介護費用の節約と手続き編

想定以上に膨らんだ介護生活費用！
自分の見積もりの甘さ加減が
つくづくイヤになった。

TORII 08 RINKO

老人ホームに入れたら「上がり」ではない

キーパーソンの私が走り回らなければ、今の生活を維持できない

ひとり暮らしをしている難病母の「暮らしのサポート生活6年」に限界を感じたわれら姉妹は、なんとか母を有料老人ホームに突っ込むことに成功した。

それはつまり私の「遠距離介護奴隷生活」からの解放、即ち「ブラボー♪生活」の幕開けを予言するものだったのだ。

しかし、まさかの大外れ。すぐに予言は撤回された。何故なら、もろもろの申請手続きや物品の支払い、老人ホームとの打ち合わせなど、実に様々なことをつつがなく円滑に処理していかなければ、母の生活が回っていかないことに気付かされたからだ。

例えば、某月のある1週間で、私が母のためにやらなければいけなかったことを具体的に書き出してみよう。

●申請書類の作成関係

(1)「高額医療・高額介護合算療養費制度の支給申請書」の作成、市役所へ提出（制度の詳細は

P65参照）

(2) 4人目の「はり・きゅう施術同意書」への捺印、提出（母は既に3人の先生を「先生がクビ」という理由でクビにしている）

(3) 「リハビリマッサージ契約書・重要事項説明書類」への捺印、提出（これには別途、主治医の同意書も必要）

(4) 「ケアプランサービス利用提供票」への捺印、提出

●支払い関係

(5) 実家の火災保険見直しと支払い（母の実家は売却していない。その理由はP83参照）

(6) 実家の固定資産税・都市計画税の納税

(7) 母が通販で購入した自然食品の支払い（郵便局＝わが家からは遠い）

●入所している老人ホーム関係

(8) ホームの運営懇談会への出席

(9) ケアマネ（ケアマネージャー＝介護支援専門員）とケアプランの打ち合わせ

(10) 「要介護度認定調査」のための立ち合い

(11) 母が介護士さんにプライベートな用事をやらせたことが判明したため、御礼の品の購入

●医療関係

⑿　4人目となるリハビリマッサージの先生との面談
⒀　整形外科のドクターの診断結果拝聴
⒁　歯科衛生士さんの治療開始のための諸手続き

●母からのリクエスト関係

⒂　メガネ購入に伴う付き添い（購入、ならびに受け取り。つまり2回行かねばならぬ）
⒃　衣替えに伴う衣類整理、洗濯、クリーニング屋への運搬
⒄　「ホームの壁中に額を飾りたい」という母のご希望を満たすためにホームセンターに行き、資材を購入後、作業
⒅　外食に2回連れ出す（車椅子の母を自動車に乗せて決死の移動）
⒆　車椅子がタンスに激突したため、壊れたタンスの取っ手の修理
……その他の細かいことは忘れた。

まあ、特に書類関係は私お得意の「先送り体質」が災いし、溜まりに溜まってドツボにハマるという自業自得な側面もなきにしもあらずだが、それにしてもわずか1週間でこれだけのことをやらなければならなかったのだ。しかも、すべて母のための用事である。自分のことが全

くできない……もう疲れた。

なんだろう、この自分の人生が限りなく侵食されていく感覚。

肝心な母はなーーんとも思っていない。

キーパーソンの私が走り回っているから、今の暮らしの維持があるのだが、母は自分がやったこともないことだから、いかに大変なことなのかが想像もつかないのだろう（母は介護どころか、誰かの見舞いにもほとんど行ったことがないのだ）。

元々母は、「面倒なことは誰かを使ってやらせていた」という歴史があるために、娘が動くことは当ったり前で、それ以上でもそれ以下でもない。

当ったり前なので、やらないとなると、**鬼《おに》おこ**（鬼のように怒る）になっておられる。

「メガネがおかしいのよ!!（怒）」って感じだ。

「メガネ屋には、先月も先々月も行きましたけど？」

「ゾンザイに扱うから、フレームが変になるのでは？」

こう返したら**激《げき》おこ**（更に輪をかけて怒る）になっておられた。

そして、母親のくせに娘である私のことを「保護者」と呼んで悦に入っている。

「なんか書類が送られてきたわよ。**はい、保護者！**」ってな調子だ。

神経が逆なでされる。

姉は私に「やれることがあったら、こっちに振ってよ。そっちまで行くし」って言うには言うが、現実的にはキーパーソンである私以外で書類の実務を遂行するのは難しい。

なので、「じゃあ、お母さんの気晴らしに話し相手になるとかしてよ」と言うと、

「あ、ごめん！　それはできないわ。話すことないし」

とあっさり拒否された。

母が実家でひとり暮らしの時は、「姉が書類手続きなどを行い、私が母による長時間の愚痴拝聴に付き合う」という暮らしを延々としてきたのであるが、私の家に近いホームに母を引き取ったがために、ここでめでたく私の「二重苦」が完成したのだ。


親戚一同は、私を目にするたびにこう言う。

「お母さんを頼むね」

母の知人一同は、私の声を聞くたびにこう言う。

「お母さんを大事にしてあげてね」

その度に私は叫びそうになり、こんな言葉が喉元まで出かかる。

「これ以上、私に何をしろと？」

「そう思うあなたが大事にすれば？」

「老人ホームに親を棄てたんだから、さぞかし楽でしょう？」

こうまで言ってくる人もいる。

確かに自宅介護の方がひと時も目が離せないので大変だ。自宅介護の辛さは私も経験していたからよく分かる。

だから、私の考えが「甘え」だと言われたら、そうなのかもしれない。

でもね、**そう言う人に限って「介護経験」はないんだよなって思う。**

「頼む」と言う人は決して頼まれたことがなく、「大事にせよ」と言う人は大して大事にはしていない気がするのだ。

母の健康診断の結果が出た。恐ろしいくらい内臓の数値が良く、毎日注射している骨薬の効果か、骨粗しょう症の数値までもが改善している。

ただ、自力歩行ができない、そしてちょっと小ボケているというだけの問題。

一方、恐ろしいまでに健康診断の数値が悪い私……。

私よりも悲惨な介護地獄の真っ只中にある友人が、ため息をつきながらこう言った。

「りんこ！　もう私たち治療しないで逝こう！」

母をようやくホームに入れたのに、それで「上がり」とはいかなかった……。

母が私の上に覆いかぶさっていて、相変わらず身動きできない生活が続いているのだ。

TORII 09 RINKO

難解複雑で面倒な申請書類の数々（その1）

膨大な書類の数々……。ファイリング作業が苦手な私には拷問以外の何物でもない

「きたよ！　また、この季節がやってきた……」

私は苦虫を嚙み潰す。老人介護で面倒に思うことは山のようにあるんだが、そのひとつに「書類」と「申請」を挙げてみたい。

介護生活においては何をするにも申請書が必要で、そして何かが始まれば、必ずと言ってもいいほど「その業務が滞りなく実施された」という確認のために、**ご家族様の捺印＆サインが要求される。**

一例を挙げてみよう。ホームで「口腔ケア」が始まるとする。

高齢者の口腔ケアは、様々な病気の予防にもつながる非常に重要なことで、ホームで定期的に行われるのだが、まず口腔ケアにおいて歯科医院を使うことの同意書を求められる。

実際に診療が始まると、月2回の診療に対して「診療実績表」「診療明細表」、そして「医療保険分」と「介護保険分」とに分かれた請求書が郵送されてくる。

それに、「払込取扱票」が同封されるのだ。

それゆえ、それらをファイルしつつ「母の銀行口座から指定の金額を下ろし、郵便局に出向いて支払いを完了する」という手間のかかる面倒な任務が、私の毎月のルーティンになってしまったわけだ（ただ、歯科医院によって請求方法は異なるらしい）。

ホームに入所して以来、母の**「この先生、キライ」**という一言により、整形外科は2回、歯科は3回、先生がチェンジ。マッサージの先生は、先ごろ晴れて4人目をお迎えした。「女王様からの『お気に召さない』というご下命」が理由だが、当然ながら申請書類などはその都度、すべて一からやり直しになる（医療保険適応マッサージは＋《プラス》医者の同意書が必要）。

他にも女王様の暮らしをお支えする書類は雪崩を起こすほどの勢いでたくさん届く。膨大な量の請求書についても、「銀行引き落とし」のものはそれぞれの指定銀行の残高チェックは欠かせないし、「払込取扱票」については振り込み手続きが必要になってくる。

元々、**ファイリング作業を大の苦手にしている私には拷問である。**

溜まる母関係の書類の山を見ては燃やしてしまいたい衝動に駆られるのだが、燃やせるわけもなく、故にそれが積み重なっているのを見るだけでも、すごいストレスが発生する。

しかも、その書類のすべてが日常生活では使わない言葉の羅列になるので、私が**「何が書いてあるのかわかりません！」**状態に陥ってしまい、最終的に**「なんでアタシがこんな目に⁉」**とイラつくこと極まりない構図になってしまうのだ。

介護生活における複雑で面倒な申請手続きの多さには、本当に泣かされてしまう。

TORII 10 RINKO

難解複雑で面倒な申請書類の数々（その2）

面倒な手続きから逃げていると、「医療費節約」の恩恵にあずかれない

数ある面倒な申請書類の中での〝最強の敵〟は、毎年夏に現れる。

「特定医療費（指定難病）医療受給者証の申請手続き」である（制度の詳細はＰ63参照）。

難病に罹患している人は医療費の一部が助成されるが、助成を受けるためには申請を行う必要がある。この助成によって難病患者の経済的負担は軽減され、医療費を大幅に節約できるのであるが、**とにかく申請が複雑で面倒臭い。**

２０１４年に**『難病の患者に対する医療等に関する法律』**というものが公布され、新たな医療費助成制度が施行されたために大混乱となった手続きなのであるが、助成を受けるためには毎年更新しなければならず、果たして**難病の人が自力でできるのだろうか？**と思うほどの煩雑さなのだ。

提出書類は、

(1) **特定医療費（指定難病）支給認定申請書**

(2) 臨床調査個人票（ドクターに書いていただくこの費用、わが家の場合は6480円だった）

(3) 世帯全員の住民票の写し

(4) 健康保険証のコピー

(5) 介護保険被保険者証のコピー

(6) その年度の市町村民税の課税状況が確認できる書類

などであるが、そのすべてを期限までに提出しなければ更新受付不能！

つまり、死ぬような思いでようやく取得した「特定医療費（指定難病）医療受給者証」も、毎年の更新期限までに手続きができなければ失効し、高額な医療費を支払う羽目になる。

まず、申請書に記入しなければならない個人を認証するための番号なのだが、「健康保険証などの重要書類の中の数字」であるため、ホームに申し出て、それなりの手続きを踏んでから入手しなければならない（各種保険証はホームで管理されていた）。

ここで既に面倒臭い。

今はさすがに理解してはいるが、最初の頃は

・後期高齢者医療被保険者証

・後期高齢者医療限度額適用・標準負担額減額認定証

・介護保険負担割合証

・介護保険被保険者証
・特定医療費（指定難病）医療受給者証
などが頭の中でゴチャゴチャに混ざり出し、申請書の書き方をケアマネに聞いてもナースに聞いても、最後の砦であるホーム長に聞いても、**外国人に話しかけられたド日本人的な反応しか返ってこない。**

仕方ないので難病管轄のお役所にお電話申し上げるのだが、話し中か（難解なので法律改正時は電話が殺到したらしい）、やっと出たと思ったら、たらい回しに遭う始末。

わが家用の申請書には、
・公費負担者番号
・受給者番号
・公的医療保険の保険者番号
・公的医療保険の保険証の記号・番号
などの記入欄があるのだが、**「いったい何の証書の、どの番号を転記すればいいんだ？」**となって、素人は訂正印の嵐である（申請書のサンプルは左ページ参照）。

番号や記号を転記するだけでも大騒ぎなのに、更に薬局、訪問看護ステーションを含んだすべての指定医療機関の住所、名称（薬局の場合は支店名まで）を書き出さなければ、医療費免

「特定医療費（指定難病）支給認定申請書」サンプル

申請番号										
人工		軽症		経由				階層区分		
疾病1					疾病2					
日付										

※氏名、居住地は住民票のとおり記入してください。

患者さんについて

(ふりがな) 氏名		個人番号	※患者さんの個人番号（12ケタ）を記入
性別	男 ・ 女	生年月日	明治 大正 昭和 平成　年　月　日
郵便番号		電話番号	
居住地			

医療保険					
保険種別	国保・国保組合・後期高齢・その他	保険証の記号		保険証の番号	
被保険者氏名		被保険者と患者との続柄			
保険者名称		保険者番号			

指定難病の名称	

特例等（該当するものに○印を付けてください。）	
人工呼吸器等装着者としての認定の希望	
軽症者高額該当基準に係る認定の希望	
要介護認定を受けている	

保護者（患者さんが18歳未満の場合に記入）又は送付先

氏名		保護者の個人番号	
患者さんとの続柄		電話番号	
居住地	〒		

支給認定基準世帯員等について

患者さん以外の支給認定基準世帯員			
氏名	患者さんとの続柄	生年月日	個人番号
		明治 大正 昭和 平成　年　月　日	
		明治 大正 昭和 平成　年　月　日	
		明治 大正 昭和 平成　年　月　日	
		明治 大正 昭和 平成　年　月　日	
		明治 大正 昭和 平成　年　月　日	

患者さんと同じ医療保険に加入している者のうち、				
指定難病の特定医療費の支給認定を受けている者	氏名		受給者番号	
	氏名		受給者番号	
小児慢性特定疾病の医療費の支給認定を受けている者	氏名		受給者番号	
	氏名		受給者番号	

該当する場合は○印を付けてください。		
	支給認定基準世帯員全員が市町村民税額を課されず、かつ患者本人に、前年に遺族年金、障害基礎年金その他の給付がある	

参考：神奈川県ホームページ

額というお上のお慈悲には辿り着けない。

しかもだ。その指定医療機関かどうかは「ホームページをご参照ください」となる。

つまり、ネットで自身のかかりつけが指定医療機関かどうかを確認し、更に1つの医療機関に対して1種類の確認書類のコピーを添付しないといけなかったのである（これは初回のみ）。

病院ラブの母を持つと、その数は多く、これだけで心が折れそうになる。

しかし、これで終わりではない。提出書類の(1)がやっと完成しただけだ。

(2)の「臨床調査個人票」もなかなかの強敵だ。
ドクターにお願いするこの個人票は2ページにもわたっているので、書かされる医者も大変なんだが、もちろん「君のためなら、今すぐ書くから！」なんていう特別待遇になるはずもなく、最低でも1ヵ月ほどはかかる。


これをゲットできたら**(3)の「世帯全員の住民票の写し」**と**(6)の「その年度の市町村民税の課税状況が確認できる書類」**を役場に取りに行くのであるが、最近、わが町は進化を遂げ、19時半まで受け付けてくれるのだ！

いいぞ、わが町！

これならお仕事帰りにホホホーイのホイだ！

「えっと、顔写真付きの証明書がないから、健康保険証をホームから借りてきたし、母の年金手帳を実家から持ってきたし、委任状も解読するのは難しいながらも本人に書かせたし、もう楽勝でしょ？」と意気揚々の私。

するとと窓口のおっさんはこう言ったのだ。

「住民票は出せるんですが、非課税証明は17時以降になると申請だけの受け付けとなり、証明書の交付は後日となります」

へっ？

…ということは、つまり？

「今日は出せません」（とおっさんスマイル全開）

……（泣）。

しかし、私は数々の苦難を乗り越え、なんとか申請作業を終えることができた。

この間、２ヵ月以上！　偉いぞ、私!!

それから１ヵ月ほど経って、お上より直々に封書が届く。

「先日ご提出いただきました書類を確認しましたところ、**申請に必要な書類が不足しているため、このままでは手続きが進められません**」

はい――!?

お上のおっしゃる咎《とが》は、「マイナンバーが記載された住民票の写し」の欠落。

窓口の人に「難病申請のため」って伝えたし、そんなん書いてあったっけか？

そう思いながらよく見たら、わら半紙に「個人番号が記載された住民票の写しが必要」って書いてあった。

え――？

「個人番号」が「マイナンバー」だとは読み取れなかった己の不覚をひたすら嘆く。

お国もお馬鹿さんのために、わら半紙にではなく「提出書類確認用紙」にも「世帯全員の住民票の写し」の横に、でかでかと『マイナンバーが入ったもの』と書いていて欲しかったよなぁ……（泣）。しかも、マイナンバー入りの住民票は、同一世帯以外の人が請求する場合は直接交付が不可。本人の住民登録地へ郵送されるため、さらに時間がかかってしまう。

はい、委任状からのやり直し決定！

「あのぉ～委任状というのは、毎回毎回、母に書かせないといけないものでしょうか？　母はもう筆圧がなくて書くのも大変なんですけど……」

もう頼むから前回の委任状で代用してくれ――！

と泣きの私。すると、先日のおっさんはとっておきの秘策を教えるがごとく、私にこう囁いた。

「だからね、**お母さんには今のうちに、大量に委任状を書かせとくんですよ♪**」

おおー、そうか、なるほどね。その手があったか！

この1件以来、私は母に山のように委任状を書いてもらいストックしようと試みたが、母が自署で書く所が多すぎて断念した。

「かくなる上は、どうにか書けたこの委任状の大量コピー！」というアイデアが閃いたが、意外とこう見えても私のハートはノミのため、実行には至っていない。

大体だ！ **そもそも委任状がちゃんと書けるくらいなら、委任なんてしないって！** お役所よ、分かってくれ～!!

しかし、そうこうしているうちに母は入院してしまった。

当然「特定医療費（指定難病）医療受給者証」は入手できていないので、**入院費の難病関連部分は実費になってしまった。**

病院窓口のお姉さんが明るい声で教えてくれる。

「受給者証が届き次第、還付もできますよ。その場合、県から治療費請求書を受け取られましたら、当院の療養証明をお取りになり、更に薬局でも医療費証明をお取りいただき、県の方にご請求という形になりますね。ただ、**証明書にはそれぞれにお手数料がかかります。** そうです、診断書のような扱いですね」

……（泣）。

「難病申請、落としたの私だ……」の気分に襲われた。

TORII 11 RINKO

当初の想定以上に膨らんだ介護生活費用

資金計画の見込みが甘く、老人ホームと病院との二重負担におののきだす

私は電卓を叩いてはため息をつく。いつだって自分は見積もりが甘いのだ。

「はぁ……」

有料老人ホームにお金がかかることは承知していた。

承知していたからこそ、**私は経済的なメリットを考慮して母と世帯を別にしたまま**（世帯を別にする経済的メリットについてはP66参照）、母の住民票をホームの住所に移したのだ。(*)

ただ正直に言えば、母の寿命はそんなにはないだろうと高を括るというのか、激甘な見積もりを出していた。何故なら、その時点で母の難病の発病から5年は経っており、「発病後の平均余命は5年から9年」という医療情報を信じたせいである。

「平均余命最高9年」－「発病5年」＝「残り4年」……。

ならばギリギリお金は足りるのではないか？

このような判断をしていたのだが、予算担当者としては失格だった。その「残り4年」も無事に通り過ぎようとしているからだ。やはり人の寿命というのは過ぎてみないと分からない。

これは余談になるが、老人を（例えどういう形であれ）長生きさせたいと願うのならば、老人ホームは願ってもない場所である。

24時間365日の室温空調管理、栄養管理、投薬管理、病状管理が施され、更には機能回復訓練、嚥下《えんげ》訓練、転倒防止策など様々なサポートでご老人様を見守るのだ。

「大変健康的な生活」を送る毎日となるために、逆説的だが「お迎えが来ない」。

つまり、**老人ホーム生活は意外と長期にわたるケースが多いのだ**とみた。

通院費用やオムツなどの消耗品、付き添い費用などで、ホームが設定している値段を大幅に超過する生活費がかかってくるという現実（プラスαが月5万円くらい。外食代などの交際費と呼べるようなものは含んでいない）。

それに上乗せして最大の誤算が生まれた。それは、**「老人に入院はお約束！」**ということ。

そう、**入院されると、老人ホーム費用と入院費用の二重負担になってしまうのだ。**

もちろん入院中は老人ホームにはいないので、介護保険に関連する自己負担分は徴収されず、食費も減額される。しかし、ホームの家賃と管理費および光熱費などはそのまま徴収となる。

介護のプロに言わせると、

「実際、入院時の支払いはホームと病院の二重払いになるから、**資金計画の際には、入院を想定した臨時の出費も見込んでおくことが必要！**」

とのことで「常識」らしいのだが、こちとら「はじめまして！　老人生活!!」なもんだから、そんなことは頭から消えていた。

そんな大甘な私が「まずい！」と本気で焦り出したのは、知人のこの発言からだ。

「ウチのお婆ちゃん、今、入院してるんだけど、ホームの費用と入院費がダブルでかかってくるから悲鳴をあげそうだよ。でも、もしホームを退去しちゃったら帰る場所がなくなるから、退院した後は難民生活になっちゃう。3ヵ月でホームに帰れると思ってたけど、**病状が安定しないからなかなか退院できない**のよ。甘かったわ……」

え？　二重負担⁉　やばいじゃん‼

ただ、現役老人にも日本国さまからのありがたい補助があって、**「高額療養費制度」を利用すれば、限度額以上の入院費は負担しなくて済む**ため、入院費を節約できることにはなっている（高額療養費制度の詳細はP62参照）。

しかし、入院生活が1回、2回ならば頑張れるのだが、度々となるとこれもやはり家計をジワジワと圧迫していく。自分の見積もりの甘さ加減がつくづくイヤになった。

（＊）今から思うと、母の住民票は「世帯分離（＊1）」をした上で、ホームではなく「私の家の住所」にしておくべきだった。母はホームに送られてくる金融機関の重要書類を何回か紛失していたので、送付先を「ホーム」から「私の家」に変えてもらうよう金融機関へ依頼したのだが、母とは住所も苗字も違うために様々な公的書類を揃えなければならず、その手続きに半年もかかってしまったからである。

（＊1）「世帯分離」の詳細はP66参照

知らなきゃ損する!

介護費用節約のための基礎知識

手続きが面倒でも
申請すればもらえるお金で上手に節約!

介護生活においては、申請すれば介護費用や医療費用を節約できる「お得な制度」がたくさんあります。このページではそれらを整理して紹介します。

1 月々の「介護費用」を節約できる制度を紹介します。

詳細はP61

2 月々の「医療費用」を節約できる制度を紹介します。

詳細はP63

3 上の2つの制度を利用しても、まだ支払うお金が多い人を救済するための制度(「介護費用」と「医療費用」とを併せて節約できる制度)を紹介します。

詳細はP65

これらの制度は本人の年齢や世帯の年収などの条件によって、節約できる金額も大きく異なってきますが、申請手続きが複雑で面倒だからといって、せっかくの制度を使わない手はありません。これらの原資は、私たちが納めている税金や社会保険料なのですからね。

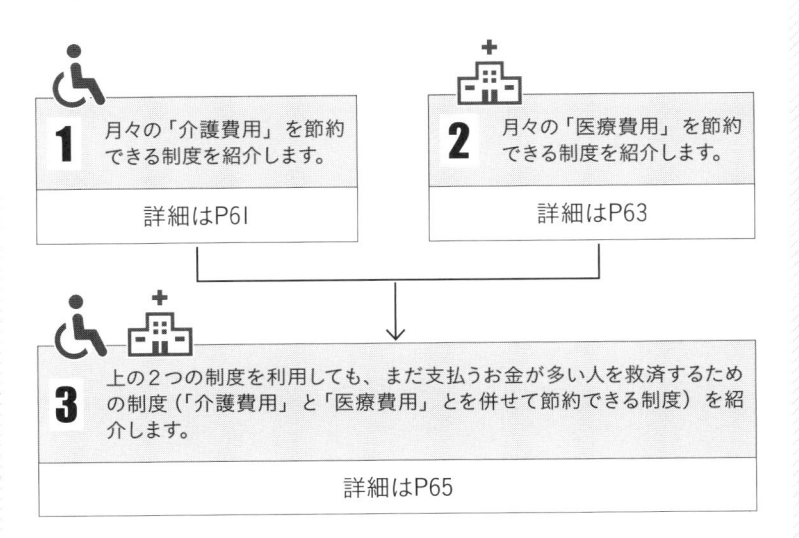

2 高額介護サービス費制度

介護保険を利用し、１ヵ月に支払った自己負担額１割（所得によっては２割）の合計の額が、月々の負担の上限額を超えた時、**申請すると超えた分のお金が「高額介護サービス費」として払い戻される。**
なお、個人の所得や世帯の所得によって月々の負担の上限額が設定されている（左ページの表参照）。

申請方法

払い戻し金を受け取るには、市区町村役場へ「高額介護サービス費支給申請書」による申請手続きが必要。初回のみ申請すれば、以降は自動的に指定口座に振り込まれる。

高額介護サービス費制度で戻る金額は、厚生労働省が公開している左ページの表に基づいて計算される。

例えば
市区町村民税を課税されていない人が
（月々の負担の上限額が24,600円の人が）
介護サービス１ヵ月の利用額が57,621円だった場合

↓

57,621（利用額）－24,600円（上限額）
＝33,021円が戻ってくる。

1. 月々の「介護費用」を節約できる2つの制度

1 特定入所者介護サービス費制度

介護施設における入居負担を所得の少ない人に対して軽減するためのもので、「生活保護世帯の人」や「世帯全員が市町村民税非課税の人」は利用できる可能性がある。

要件を満たす低所得者は、居住費と食費は自己負担の上限額（限度額）のみの支払いで済む。自己負担上限額を超えた居住費と食費を払う必要がなくなる仕組みであり、**払った金額の一部が戻ってくるわけではない。**

申請方法

利用するためには、市区町村役場への「負担限度額認定」の申請が必要。該当する人には「介護保険負担限度額認定証」が交付される。

月々の負担の上限額

対象となる方	平成29年８月からの負担の上限（月額）
現役並み所得者に相当する方がいる世帯の方	44,400円（世帯）(※)
世帯のどなたかが市区町村民税を課税されている方	44,400円（世帯） 同じ世帯の全ての65歳以上の方（サービスを利用していない方を含む）の利用者負担割合が１割の世帯に年間上限額（446,400円）を設定
世帯の全員が市区町村民税を課税されていない方	24,600円（世帯）
前年の合計所得金額と公的年金収入額の合計が年間80万円以下の方等	24,600円（世帯） 15,000円（個人）(※)
生活保護を受給している方等	15,000円（個人）

（※）「世帯」とは、住民基本台帳上の世帯員で、介護サービスを利用した方全員の負担の合計の上限額を指し、「個人」とは、介護サービスを利用したご本人の負担の上限額を指します。

参考：厚生労働省ホームページ
＊金額は平成29年10月現在のものです。最新情報は厚生労働省のホームページなどでご確認ください

2 高額療養費制度

介護保険における節約術には、P60で紹介した「高額介護サービス費制度」があるが、その医療保険版が「高額療養費制度」となる。

医療費の家計負担が重くならないよう、医療機関や薬局の窓口で支払う医療費が1ヵ月（1日から末日まで）で上限額を超えた場合、**その超えた額を支給する制度。**ただし、入院時の食費負担や差額ベッド代等は含まない。

自己負担の上限額は年齢や所得によって異なる（左ページの表参照）。

申請方法

申請には次の２つの方法がある。

その１：事後に手続きする方法（高額療養費を支給申請する）
⇒ 払った金額の一部が後から戻ってくる

一旦、費用を医療機関や薬局の窓口で支払い、後日高額療養費申請により払い戻しを受ける。申請先は加入している保険者となる。

その２：事前に手続きする方法（「限度額適用認定証」を利用する）
⇒ 自己負担の上限額のみの支払いで済む

「限度額適用認定証」とは、加入している保険者に申請すると交付される認定証。事前に「限度額適用認定証」の交付を受け、医療機関や薬局の窓口での支払い時に提示すると、自己負担上限額のみの支払いで済ませることができる。

70歳以上の人は「限度額適用認定証」の手続きをしなくても、70歳になると交付される「高齢受給者証」を支払い時に窓口へ提示すれば、自動的に窓口での支払いが自己負担上限額までになる。ただし、低所得者の場合は「限度額適用認定・標準負担額減額認定証」も窓口に提示する必要がある。「限度額適用認定・標準負担額減額認定証」の申請先は加入している保険者となる。

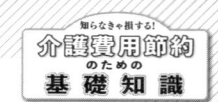

2. 月々の「医療費用」を節約できる2つの制度

1 特定医療費（指定難病）医療費助成制度

国が指定する難病（都道府県が独自に指定している場合もある）に罹患している人は、申請すると「特定医療費（指定難病）受給者証」が交付され、世帯の所得に応じて１ヵ月の自己負担上限額が決定される。
医療機関や薬局の窓口での支払いの際、この受給者証を提示すると、**自己負担上限額（月額）まで達した時はそれ以上の自己負担がなくなる。**

申請方法

Ｐ48を参照。

月々の負担の上限額例（70歳以上：平成29年8月から平成30年7月診療分まで）

70歳以上の場合は、外来だけの上限額も設けられている。

適用区分			ひと月の上限額（世帯ごと）
		外来（個人ごと）	
現役並み	年収約370万円～ 標報28万円以上 課税所得145万円以上	57,600円	80,100円＋（医療費－267,000）×1％
一般	年収156万～約370万円 標報26万円以下 課税所得145万円未満等	14,000円 〔年間上限 14万4千円〕	57,600円
住民税非課税等	II 住民税非課税世帯	8,000円	24,600円
住民税非課税等	I 住民税非課税世帯 （年金収入80万円以下など）	8,000円	15,000円

＊１つの医療機関等での自己負担（院外処方代を含む）では上限額を超えない場合でも、同じ月の別の医療機関などでの自己負担を合算することができる。この合算額が上限額を超えれば、高額療養費の支給対象となる。

参考：厚生労働省ホームページ
＊金額は平成29年10月現在のものです。最新情報は厚生労働省のホームページなどでご確認ください

節約できる制度

年間の負担の上限額

	75歳以上	70〜74歳（注１）	70歳未満（注１）
年収約1,160万円〜	67万円	67万円	212万円
年収約770〜約1,160万円			141万円
年収約370〜約770万円			67万円
〜年収約370万円（課税所得145万円未満） ※収入の合計額が520万円未満（1人世帯の場合は383万円未満）の場合も含む。 ※旧ただし書所得の合計額が210万円以下の場合も含む。	56万円	56万円	60万円
市町村民税世帯非課税	31万円	31万円	34万円
市町村民税世帯非課税 （年金収入80万円以下等）	19万円（注２）	19万円（注２）	

（注１）対象世帯に70〜74歳と70歳未満が混在する場合、まず70〜74歳の自己負担合算額に限度額を適用した後、残る負担額と70歳未満の自己負担合算額を合わせた額に限度額を適用する。
（注２）介護サービス利用者が世帯内に複数いる場合は31万円。

参考：厚生労働省ホームページ
＊金額は平成29年10月現在のものです。最新情報は厚生労働省のホームページなどでご確認ください

りんこの ワンポイント アドバイス❷

ウチは約６万円が戻ってきました！

「高額医療・高額介護合算療養費制度」は、１年間に負担した金額が上限額を超えた場合、その超えた分が払い戻される制度なので、戻ってくる金額は年によって違ってきます。

ちなみにウチの場合、ある年は
『介護保険から46,138円　医療保険から12,952円　合計：59,090円』

が振り込まれました。申請書を書き、書類を揃え、役場に行くのは非常に面倒でしたが、約６万円の払い戻しは大きく、とても助かりました。

なお、申請には有効期限があるので、申請は早めに行いましょう。

3.「介護費用」と「医療費用」とを 併せて

高額医療・高額介護合算療養費制度

１年間の介護保険と医療保険における自己負担の合計金額が、年間の負担の上限額を超えた場合に、**超えた分の金額が払い戻される制度。**ただし、入院時の食費負担や差額ベッド代等は含まない。年間の負担の上限額は、年齢や所得によって異なる（右ページの表参照）。

申請方法

払い戻し金を受け取るにあたっては、加入している介護保険と医療保険、両方の窓口への申請が必要。ただし、市区町村が運営する国民健康保険や後期高齢者医療制度に加入している人は、１つの窓口でまとめて申請できる場合がある。

申請書が自動的に送られてくる地域もある

「介護保険」と「医療保険」の自己負担額の合計が上限額を超えると、役場より自動的にこの制度の申請書が送られてくる地域もある。

送られてきた申請書に記入して、振込先通帳、マイナンバーカード、本人確認書類などを持って役場に行けば、３～４ヵ月後に介護保険と医療保険から別々にお金が振り込まれる。

年単位で負担を軽減

Ｐ60の「高額介護サービス費制度」やＰ62の「高額療養費制度」は、【月】単位で負担を軽減するが、この「高額医療・高額介護合算療養費制度」は、こうした【月】単位での負担軽減があっても、なお重い負担が残る場合に**【年】単位（毎年８月１日から翌年７月31日の１年間）でそれらの負担を軽減する制度**になっている。

したがって、「高額介護サービス費」や「高額療養費」などで還付を受けても、合算すると自己負担額が右ページの表の上限額を超える場合には、超過分が払い戻しされることになる。

りんこの ワンポイントアドバイス❸

親と世帯を別にすれば介護費用をより節約できる可能性があります！

年齢や世帯の年収によって、介護や医療における利用者の自己負担の上限額は大きく変わってきます。ここでポイントとなるのが、**年収の多寡は「個人」ではなく「世帯」で判断される**という点です。つまり、もし同一世帯に年収の少ない親がいるなら、**世帯分離**を行って親と世帯を別にした方が、介護費用をより節約できるケースが圧倒的に多いのです。

世帯分離って何？

世帯分離とは、同じ世帯に住んでいる人が、引っ越しをせずに同じ住所のままで、新しく世帯を別に持つことです。世帯分離をすると、それぞれの世帯で世帯主を定め、生計も別であるとみなされます。世帯分離の手続きは簡単で、市区町村役場で「住民異動届」に必要事項を記入して提出します。

世帯分離を行うメリットは？

親の年収が低ければ、自己負担の上限額に月額10万円弱もの差が生じる場合があります。例えば、仮に私と母が同じ世帯でしたら、母の自己負担の上限額は「鳥居家の年収と母の年収との合計額」で決められてしまいます。しかし、世帯分離を行えば母の年収分だけで上限額が決まるので、介護費や医療費の負担がより軽くなるのです。

世帯分離を行うデメリットは？

①世帯が別なので、親の住民票などの取得には親の委任状が必要になる
②世帯の構成状況によっては、逆に経済的負担が増えることもある

ただし、一度世帯分離の手続きをしたからといって「二度と世帯を併せることができない」というわけではありません。いつでも元に戻すことができます。

第3章

父の遺産相続編

よもや父の遺産がお荷物になろうとは……。
面倒だからといって放置しておけば
いずれ孫たちに被害が及んでしまう！

12

ゴルフ会員権の相続は要注意！（その1）

先送りの「ツケ」は必ずやってくる

父が亡くなった時に、しっかりとやっておけば良かったと思うことのひとつに「**一次相続**(*)」時における「相続財産の把握」がある。

この時にきょうだいはこの件で直接、母と会話を交わしたことはなかった。「母と会話を交わす」ということは、イコール「父の遺した財産を寄越せや」系の話になることで、それにためらいを感じたせいだったような気がする。親子といえど、そこは「領土不可侵」のエリアだったのだ。

「お父さんの全財産を管理し資産運用を行ってきたのは、この偉いアテクシ！」

母は大昔からこう豪語しており、私に対しては、

「家計管理もせず、財布の紐も握らないとはそれでも一家の主婦か!?」

と罵倒してきた歴史があるので（しかし、私の前世は江戸っ子。宵越しの金は持てない気質なので、今も私はダンナからお手当をいただく愛人妻である）、よもや、そんな大見得を切っていた母が「ザル」だったとは想像さえできなかったのだ。

(*)
一次相続：両親のうち、どちらかが先に亡くなった時の相続のこと。
二次相続：後に残された親が亡くなった時の相続のこと。

そんな状態だったために、先述したがきょうだいは母の求めに応じて「遺産分割協議書」に「すべて母が100％相続」という内容で捺印していた。

もちろん、その時点では何がいくらあるのかなんてことは分からなかったし、**「配偶者の税額軽減制度」**のお陰で、母に相続税が一切かかってこなかったこともあって（制度の詳細はP94参照）、知ろうという気持ちもなかったのだ。

しかし父の遺産相続の段階で、**どこに何があるかの詳細くらいは知っておくべきだった**と痛感している。「先送り」にしたツケが、今になって次々と回ってきているからだ。

その「ツケ」のひとつに**「ゴルフ会員権」**があった。

父がゴルフ会員権を持っていたことは承知していたし、毎年、年会費という名目の請求書が届いていたことも目にしてはいた。

しかしである。ゴルフ会員権の請求書をスポーツクラブの年会費程度に考えていた私は、父の死後、実家でその用紙を見ても何とも思わなかったのである。

何故なら、

「会員である父は天国に行っていて、ゴルフ場には行けない」

⬅

「使っていない」

「よって使用料はかからない」

⬇

「請求は無効」

くらいの感覚だったのだ。

その頃、私は介護のキーパーソンでもなく、母が一家の絶対王者として君臨していた。

父は生前、スポーツジムの会員でもあったが「父が所属していた団体に退会届を出すのであれば、それは一家の絶対王者である母の仕事だろう」と思っていたので、私にとってはゴルフ会員権もその仲間に含まれていたのだ。

その後、急速に悪化していく母の介護に右往左往していくうちに「ゴルフ会員権」のことは私の脳内から消えた。

蘇ってきたのは、友人からゴルフ会員権がらみの話を聞いた時からだった。

友人が「**ゴルフ会員権の相続でひどい目にあったから話を聞け！**」と言ってきたのだ。

なんでも友人のご主人のお爺さんに当たる人は、名門ゴルフ場の会員だったらしいのだが、お爺さんが亡くなり、会員権はそのままめでたく「幽霊」となった。

それから何年か経って、今度はお爺さんの娘、つまり友人のご主人のお母さんが亡くなった。

相続が発生したが、「幽霊カード」は忘れ去られたままの状態だった。

そして、更に何年か経った後、家族はその名門ゴルフ場からの督促状を受け取るわけだ。

滞納年会費、その額、驚きの100万円超え！

一家で大騒ぎになったらしい。

当然、家族は、

「お爺さんは亡くなっているから、プレーしてない」

⬅ **「よって年会費は払わない」**

と拒否。

しかし、ゴルフ場側は、

「プレーしていないのはお宅の勝手な事情」

⬅ **「よって年会費を免除することはできない」**

と主張。

結局、「ゴルフ場への支払い義務は免れない」ということになったそうなのだが、そもそもゴルフ会員権というものは相続財産なので、会員であるお爺さんが亡くなった時点で、やるべきことを先送りにせずやらないといけない類いのものらしいのだ。

では、いったい何をやるべきだったのか。次のページでお伝えしたい。

TORII 13 RINKO

ゴルフ会員権の相続は要注意！（その2）

面倒だからといって放置すれば、次の世代に禍根を残す

ゴルフ会員権を相続するための正解は、次のふたつしかない。

正解1：みんなで共有できるものではないので、誰か1人が相続をし、名義書換料を払って名義を変更し、その人が年会費を負担するという方法。
正解2：売却してしまうという方法。

友人は迷わず「売却！」を選んだそうだが、**その時の取引価格は20万円。**頼みの預託金（ゴルフ場が退会時に返還することを約束して、入会時に預けた金銭のこと）もゴルフ場の経営悪化で支払い能力はゼロだとか……。で、結局「滞納金100万円」だけが残る始末。ちなみに名義書換料は50万円もすると聞いた。結局、どっち転んでも「大損！」っていう展開。

実は2014年3月まではゴルフ会員権を売却して損失が出ても、他の所得と通算して支払った税金の還付を受けることが可能だった。

買った時の値段から信じられないくらい暴落しているのだから、知っていればそれまでに売却していたのに、還付も受けられない今となっては売りたくても売れないのだ！

そこでゴルフ場と交渉し、粘りに粘って、会員権を放棄する代わりに滞納金の減額に応じてもらったそうだ（この辺はゴルフ場によって対応が全く違うらしい）。

それが終わるや否や、会員権を放棄するための書類集めに奮闘しだす。

まずはお爺さんとお母さんの除籍謄本。

生まれてから死ぬまでの戸籍を辿る作業が必要らしく、それぞれの地を遡る作業が死ぬほど面倒臭いと聞いて私は震え上がった。

相続が3代を跨いだので、「お爺さん」「その子どもたち」、更に「孫たち」すべての被相続人と相続人の関係を証明する書類が必要となったらしく、**これをひとつずつ集めさせられた友人は涙目になっていた。**

例えば、お爺さんの子どものひとりはお爺さんが亡くなった時点でこの問題を見越し、ゴルフ会員権相続放棄のための戸籍謄本、印鑑証明などを友人のご主人のお母さんに渡していて、実際にその書類は出てきたらしい。

しかし、哀しいかな、何十年も前の書類。ゴルフ場から**「印鑑証明書の有効期間は3ヵ月」**と言われているため、残念だが通用しないのだ。

再度その方に印鑑証明書を依頼したら、激怒されて取ってくれないのだそうだ。

親戚であっても他人が取ることは不可能なので、お願いし続けるしかないのだが、友人は、

「何故、関係ない孫の嫁の立場の私が謝罪し続けながら、お願いしないとならないのだ!?」

と当然の感想を漏らす。

もちろんその人以外の関係者全員からも、印鑑証明を取り付ける必要があるので、更にハードルが上がる手続きが待っているという仕掛けである。

最終的には1枚の「同意書」という紙に、全相続人が順番に住所・氏名を書き、実印を押すという作業をしてもらわなければならない。これが各自バラバラに住んでいる状態では、取り付けるだけでも大変な苦労を伴うのである。

友人は言った。

「これで面倒だからといって放置していたら、自分の息子の代になった時には目も当てられないくらいの大変なことになっている。**これは私の手で成仏させねば！**　って必死だったの」

友人の浄霊話に慌てふためいたのは私だ。

「わが家の成仏しきれてないブツも、早くどうにかしないとヤバい！」

姉に相談したら、やはりこれは私たちの代で葬って差し上げるべきだという話になり、姉はゴルフ場との交渉役を買って出てくれた。

もちろん、わが家もご多分に漏れず預託金など返却されるわけもなく、結局、ナンダカンダの末に滞納金10万円弱は会員権を返上し、会員証の紛失届も出すことで相殺と決着した（姉ちゃん、グッドジョブ！）。

わが家の場合、「除籍謄本」「戸籍謄本」「印鑑証明」などの書類集めも、「遺産分割協議書」やら「退会申請書」へのサインと捺印も、「父」「母」「姉」「兄」「私」の5人だけだったので、友人の世代を大幅に跨いだ手続きよりは数段マシではあった。

しかし、それでもとりまとめ係の姉は、相当大変な思いをしていた。**一族が近隣に住んでいないということだけで、フットワークは確実に落ちてしまうのだ。**

そんなこんなな「浄霊話」。

知ってさえいれば、一族全員で一気にやる中に入れられたものを、知識がなかったばかりに貧乏くじを引く人が出るのだ。

成仏するのは人も物も大変だということの一例を挙げてみた。

TORII 14 RINKO

親のセカンドハウスを売り飛ばす（その1）

家というモノは、人が住まないと瞬く間に荒れ果ててしまう

私が、子孫に絶対に遺してはいけない「ネガティブ・レガシー（負の遺産）」を3つ推挙するならば、

1. 借金
2. 連帯保証
3. 売れない家屋

としておきたい。

不動産は立地が良ければ、遺産としてはウェルカムなこともあるだろうが、これが哀しいことに大抵の場合、揉め事の中軸を担ってくれちゃうわけだ。

特に親がセカンドハウスなんてもんを持っていようものならば、その管理を押し付けられた者の怒りはとどまることを知らない（面倒なことが増えるだけだから）。

わが家も大問題を抱えていた。

亡くなった父は生前、どうも半農半漁に憧れたらしく、「月の内の半分は自宅で漁業、半分はセカンドハウスで農業」という暮らしをしていて、その死後、その家を両方とも母が引き継いだのである。

父が生きている時は何の問題もなかった。父は勝手にセカンドハウスへ行き、勝手に帰ってきたからだ。

そして父は**「山の家はみんなで仲良く使ってね♪」という遺言を遺して逝ってしまった。**

「ラッキー！　じゃあ、使っちゃお!!」

なんてことにはならないのが親のセカンドハウスである。

まず、第一に遠すぎる。

農業目的のセカンドハウスなので都会にあるわけもなく、実家から車で片道4時間近くもかかるのだ。しかも山の中！　である（だから「山の家」と呼ばれていた）。

私は運転免許を持っているし、運転もできるが、**まっすぐにしか進めないという弱点を持っているため、この「山の家」に自らの力で行くことは不可能だった**（事故る自信がある！）。

しかしである。家というモノは人が住まないと瞬く間に荒れ果てるのだ。

仕方なく責任感の塊のような姉が、車で私を運んでくれて一緒に管理をするようになったのだが、そこでの仕事は困難を極める。

「どうしたら、こんなに早く成長するんだ!?」っていうくらいの膨大な量の草むしり。

伸び放題になっている植木の伐採（隣家のご迷惑になるから）。

食糧難時代に育った両親が、嬉々として植えまくった果樹の世話……。

家の外回りだけでも大変な作業のために、貴重な休みを潰して来なければならなくなったのだ。これだけでも大迷惑に感じていたが、更にこんな被害が次々と現れるようになってきた。

(1)**「泥棒が入る」**→「警察を呼ぶ」→「事情聴取と被害の調査」→「割られた窓ガラスの修理依頼」→「修理のために再び出向く」→「保険会社との交渉並びに手続き」

(2)**「エアコンの室外機と給湯器が盗まれる」**→「警察を呼ぶ」（以下の流れは(1)と同様）

(3)**「台風で屋根が吹っ飛ぶ」**→「周辺のお掃除」「工務店への修復依頼」→「工事立ち合い」→「保険会社との交渉並びに手続き」→「工務店への支払い」

(4)**「トイレが壊れ、大水害発生」**→「業者を呼んでの復旧作業」→「業者への支払い」

(5)**「イノシシ侵入」**→「配管ごと掘られる」→「配管を埋め戻す」

(6) 「雨どいに落ち葉が詰まった」→「自ら決死隊となって屋根に登り、取り除く」

……ってな事件が短期間に次々と姉妹を襲うのであるが、母はお気楽にこう言った。

「おかしいわね～。お父さんがいた時はこんなことはなかったのに」

当然、親族会議が開かれる。

「管理が大変なんで、そろそろ手放したいんですけど」

こう提案する姉妹に対し、母と兄が強硬に反対する。

「お父さんが『仲良く使え！』って言ってた！」

おいっ！　仲良く使うためには、管理をする人間が必要なんだよっ!!

こうブチ切れると母は事も無げに言うのであった。

「今までさんざん山の家を使ってきたくせに、きょうだいで管理ができないって言うのなら、第三者に任せればいいんじゃない？」

確かに父が元気だった頃は、盆暮れに両親が「山の家」に居たということで、私はそこに子どもたちと泊まらせてもらった事実はある。しかし、声を大にして言っておく！

別荘ってのはなぁ、管理人を雇えるくらいの大金持ちが持つもんなんだよっ!!

管理そのものも大変な労力がかかるのだが、それにも増して、金食い虫。

あとどのくらい維持していけるのか、算盤を弾きながら私は真っ青になっていた。

TORII 15 RINKO

親のセカンドハウスを売り飛ばす（その2）

セカンドハウスの管理を第三者にお任せするほどのお金は、ない！

家の維持費に金がかかるのは仕方がない。でも、こうも思うのだ。

「住んでもいない家に、なんで金を払い続ける必要がある⁉」（除く、大金持ちおよび、いつでも売却換金可能な好立地物件）

セカンドハウスである「山の家」の維持費は、「固定資産税」やら「管理費（温泉使用費という名目のこれが高い）」やら「火災保険」、それに最低限の光熱費を加えて**年間30万円を突破していた。**これが10年続けば３００万円。「有料老人ホームの費用」と「実家の維持費(*)」にこの不必要な「山の家の経費」が重くのしかかる。

こんな不良物件、下手に押し付けられた日にはどうなるんだ？

しかも万が一、母の孫の代まで維持できたと仮定して、孫の誰かはこの廃墟と化した不良物件を持て余し、途方に暮れてしまうだろう。

そうは思っているのだが、日常生活のアレコレに追われ、何もできない。

親族会議で決まった「きょうだいが３ヵ月ごとに輪番で管理に出向く」という約束は兄によ

って反故にされていた。

兄の立場でいえば、たまに取れる休日が掃除で終わる「暇はない」ってことなんだろう。そこで、結局は責任感の塊の姉が管理をしていたのだ。

しかし、事件は続いた。

一度目は姉が母を連れて、掃除に行ってくれた時に母が転び、骨折した。

姉は母を抱えて斜面を下りるはめになったため、姉までもが古傷のヘルニアを再発してしまう「事故発生」となった。

二度目は私も居合わせたが、なんと剪定《せんてい》中の姉がスズメバチに襲われたのだ。

敵は植え込みの中に大きな巣を制作済み。

見る間に腫れ上がる姉の頭皮……。

こんな山奥に救急車を呼ぶよりは、自力で病院に行った方が早い！

こう判断した姉は「お母さんをよろしく」と言い残して車で消えた。

難病の母を同行させることはものすごく大変で、かつ時間がかかり、しかも母をひとりにしておくことはできないのでこの判断になったが、**「もはや管理は命がけ」ということを思い知ったのである。**

このふたつの事件が引き金となり、主たる管理をしてくれていた姉の気持ちの糸が完全に切れたようだ（そりゃ、そうだ。姉は実家の管理も事実上、やってくれているのだ）。

「りんこ、もうお姉ちゃんは（体力がなくて）維持できない……。処分しよう」

「山の家」には何の思い入れもない私はふたつ返事だ。

　そうとくれば母を説得しないといけない。


「これこれこういう事情で、管理してくれていた姉ちゃんの心の糸が切れた」

⬅

「しかし、管理を第三者にお任せするほどの財産は家にはない！」

⬅

「よって、売却します‼」


　おおー！　我ながら、鮮やかなまでの三段論法！　さあ、母よ、ご決断を！

　母も「山の家」に行っても、何ひとつ面白いことはなかったのだと思う。

　姉妹に「ケガをするから、動くな！」と言われ、部屋の中でテレビを観ているくらいしか、やることがなかったのである。

　姉妹は作業に忙しすぎて、母の相手をすることは一切できず、しかも早朝から夜中まで手仕事に追われたため、どこかで外食するなども一切なかった。これでは母にとってはホームにいた方がまだマシだったのかもしれない。

　そして年寄りという者は多分、あらゆることが面倒臭くなってくるのだろう。母は意外とあっさり売却に同意してくれた。

「じゃあ、不動産屋に話をするからね！」

善は急げと私は行動を起こす。

寄らば大樹の何とやらで、業界大手の不動産会社に声をかけ、早速、担当者と共に「山の家」へ行った。

大手不動産屋さんは「念のために」ってことで、その地域を扱っている小さな不動産屋のオヤジ（OBなんだそうな）も同行させていた。

「さあ、プロよ！　なんたって温泉付きだからな。この別荘、ハウマッチ⁉」

私はドキドキしながらプロの査定する金額を待った。

するとプロたちは弱り切った表情でこう言ったのだ。

「いや〜、ただでくれると言われても、要りません‼」


（＊）実家の維持費：母が老人ホームに入居した後でも、実は実家を手放してはいない。母の病状の進行度合によっては、「ホームでは寄り添えない」という状況も十分考えられたため、ホーム側から退去を迫られる可能性があったからである。もしホームを追い出されても、母が住む場所を新たに探さなくてもすむよう、実家を売却しなかったのだ。私も含めたきょうだい誰かとの同居は、最終手段であった。

TORII 16 RINKO

親のセカンドハウスを売り飛ばす（その3）

地元専門不動産会社の怪しげなおっちゃん登場

温泉付きの別荘なのに、ただでも要らない？

業界大手の不動産屋さんのあまりの言葉に呆然としてしまった私。

そんな呆《ほう》けた私の顔を横目に見ながら、不動産屋さんはこう続けた。

「申し訳ありません。残念ながら、値が付かないんですよ……」

しかし、この忌まわしい「山の家」とは、おさらばする気満々だった私は諦めきれない。

「で、でも、売れない時は、不動産屋さんが安い値段にはなるけど引き取るって話を聞いたことがありますけど？」

と必死に食い下がる。

業界大手の不動産屋さんがＯＢであるオヤジを見る。

ＯＢオヤジは申し訳なさそうにこう言った。

「いや〜、そういうこともやってはいるんですが、**こちらの物件に関してはお引き受けいたしかねるかと……**」

（えー、お引き受けいたしかねるって……マ、マジですか？）

私のあまりの落胆ぶりに同情したんだろう。ＯＢオヤジはこう言ってくれた。

「私はこの地方の物件を扱ってはいるんですが、この別荘地専門業者ではないんです。別荘地には大抵、そのエリア専門の不動産業者がいるんですよ。地元密着のね。そこに連絡してみてください。何か道が開けるかもしれません」

そして、ある会社の名前を教えてくれたのだ。

ふたりを見送った後、速攻でその会社に電話してみた。

すぐに、早口気味のおっちゃんが電話に出た。

事情を話すと、

「偶然なんですけど、今近くにいます。よろしければすぐにそちらへお邪魔しますので、物件を見せていただけますか？」

と言って、本当に10分も経たないうちに現れた。

おっちゃんは、ひとしきり敷地やら室内やら図面やらを見た後、茶をすすりながらこんな話をし出した。

「さっき、あなた、言いましたよね？『お父さんが建てて、一族みんなで使うようにって言い残したのに、維持することができないことが何とも切ない』って」

言いましたよ。だって、あなたが何故、売りたいのか？　って聞いたからでしょ。

「そういうことは一切、気にする必要がありません！」

へっ⁉

「家ってね、財産と思う人も多いですけど、それだけに引っ張られちゃいけません。お父さんはここをお建てになって、長い間とっても楽しい、いい思いをされたんじゃないんですか？理想の暮らし、お孫さんたちとの語らい、一家団欒……」

「私、思うんですよ。家ってそういう楽しい思い出を作る場所だって。それを味わえたのなら、もう十分、家としてのお役目は果たしたわけで、お父さんは満足されていると思います。お役目というものはいつかは必ずなくなるもので、それを閉じるというお役目を引き受けた方は辛い気持ちになりがちですが、それは違うと思うんですよ」

「お父さんはいい思いをした。お母さんもそう。お孫さんたちが走り回っているのを見て、お幸せでしたでしょう。あなたもその恩恵を受けたんじゃないですか？」

「みんなが幸せに思えた日々があったってことです。家ってその役割があれば十分で、次にここを使って、幸せな家族の暮らしを作ろうって思える人にバトンタッチができたなら、それがこの家にとっても最高のことで、お父さんも（廃墟となり朽ちていくよりも）それを望まれると思いますよ」

……えーと、つまり、**家を売るって、臓器提供みたいなものですかね？**

自分に脳死判定が出た後に、臓器が動いているとしたら、必要な人に提供して、その人の中で自分の臓器は生き続ける……**みたいな感じ？**

私の例えが良くなかったのか、おっちゃんは私の質問には一切答えず、今度は饅頭を頬張りながら、こんなことを言い出した。

「この表を見てください。これはね、自殺・他殺・不自然死という、いわゆる事故物件の数字を表したものなんです。こんなにあるんですよ」

「もちろん、事故物件を忌み嫌う人もいますよね、お客さんの中には。でもね、私はこう言うんです。そういう変な亡くなり方をした人が化けて出て、その家に新たに住む人を脅かす意味がありますか？　って」

「人間は必ずいつか死にます。死に場所を選べないだけで、どこで死んでも『死は死』です。変な死に方をした人が、生きてる誰かを脅かさないといけないんだったら、戦があり、疫病があり、飢饉があり……なんていうい・に・し・えがあるんですから、世の中、お化けだらけになっちゃうでしょう？」

えっと……、いったい何をおっしゃりたいので？

こう聞いた私に、おっちゃんは驚くことを言ってのけた。

「業界一筋40年、未だかつて、私に売れなかった物件はありません！」

TORII 17 RINKO

親のセカンドハウスを売り飛ばす（その4）

もし別荘が売れなければ、孫の代には間違いなく負債になる

「未だかつて、私に売れなかった物件はない！　自殺、他殺、何でもありです！」

こう言い切ったおっちゃんに目を見張る私。

いやね、疑うわけじゃないんですが、さっき、ここにいらしてた大手さんは、

「値が付かないから要らない」

とまで言ってお帰りになったんですよ？

おっちゃんは2個目の饅頭を頬張りながら、満足そうにこう言った。

「それは土地でしょ？　土地には正直、あまり価値がないかもしれません。でもね、需要さえあれば問題ない！　こちらは家がまだ十分、使えます。リフォームをする必要もない。十分、値が付くってことです」

あのぉ〜、でもですね、この際だから正直に言いますけど、ここは傾斜地ですから、下水管も下のお宅の管をお借りしていますし、土地も実寸と図面は大分違いますよね？

おっちゃんは茶をズズッと吸い込みながら、こう答えた。

「この辺はすべて、そういう土地です（キッパリ）」

そして、おっちゃんは査定額を出してきた。

もちろん、驚くくらい安いのであるが、ほんの30分前には大手不動産屋さんに「ただでも要らない」と言われた家なのだ。

おっちゃんは言った。

「査定額はこの金額です。でも、ひとつ言っておきます。もし、一刻も早く売りたいっていうご希望があるのなら、ここから20万円引いた金額で売りに出してください」

「これができる人なら即売ですし、できない人は延々と売れません。売れない場合、それに気付き、仕方なくだんだんと値段を下げるんですが、買いたい人は市場動向をしっかりと見ているものです。**『ここはまだ下がりそうだな』と思われたら、買い手は付かないんですよ**」

「コツはですね、ほんの紙一重でいいので、市場価格より若干、安く売りに出すことです。買い手に『こんなお得な物件、即決しなきゃ誰かに取られる！』って思わせる値段が紙一重、安くするってことです。できますか？　20万円安くすることを」

このおっちゃんのペースにまんまと乗せられた私は、20万円安くすることを即決！

なんか、新興宗教の教祖に捕まったような感覚に陥った。

それから2週間後、おっちゃんからの電話があった。

「売れましたよ」

「自殺、他殺、何でもあり！　業界一筋40年！」のお決まりのフレーズが耳に響いてきた。

それからが怒涛の忙しさだった。**瑕疵担保免責の物件**(*)として、現況渡しの家財道具付きでの売り払いだったのだが、それでも片付けはあるし、手続きもある。

売買手続きは司法書士の事務所で売主、買主、不動産屋、司法書士とで行われた。

司法書士さんが母にいろいろと話しかけてくるので、老人好きの人なのかなぁと思っていたら、お仕事だった。

母がボケていないかの責任を司法書士さんが負うのだそうだ。

え？　つまり、ボケてたら売れないってこと？

おっちゃんは高らかにこう言った。

「そうです。ボケた時点で、一切の取引は中止です」

危なかった‼

この時点では母は小ボケてはいるものの、家族以外の者には「正常」と判断されただろう。

むしろボケていたのは私たち姉妹で、印鑑証明の実印と持参した印鑑が違っていた。

同じような印鑑が複数あって、ひとつは私が持ち、他のは実家に置いたままというバラバラの状態だったために、結果、実印と信じた物は銀行印だったというオチがつく。

こういうことのひとつひとつが、「親の物は自分の所有物ではないからわからない」という

(*) 瑕疵担保免責の物件：売主が引渡し後、一切の欠陥についての責任を負わないという契約が付いた物件

混乱を招くのだ。

「捺印が必要な書類は後日、郵送」という超裏技を駆使して、なんとかその窮地を逃れた。

すべてが終わった後、私は蚊帳の外に置かれた兄に連絡を取った。

「もしもし？ 事後報告で申し訳ないけど、山の家は売ったから」

兄の怒りは凄まじかった。

一番は、やはり蚊帳の外に置かれたことが気に入らなかったのだろう。

二番目は、父が「皆で使え」と言い残した物を、母の存命中に売る羽目になったことへの無念のような気がする。

三番目は、「相続税は不動産よりも現金の方が高くつく。なんでもかんでも金に換えるな！」という怒りだったように思う。

そうはいっても、相続税をどえらく払えるほどの遺産は残らないと思うのであるが、血が逆流したかのような兄には、いくら言葉を尽くして**「孫の代には間違いなく負債になる」**と言っても納得してはもらえなかった。

結果、生まれて初めて兄との怒鳴り合いの喧嘩となった。

兄のあまりにも身勝手な言い分に怒りがおさまらず、母に対して、

「お兄ちゃんとは私、絶縁したから！ 一生絶縁‼」

と強い口調で訴えたのだが、母は笑いながら、

「りんこが『何もしてこなかった奴に言う権利はない！』って言ったからよ。だから、お母さんがお兄ちゃんに『あなたはよくやってきたわよ』って言っといたわ」

と、さも兄妹仲を仲裁する偉い母であるアテクシ的なことを抜かしたので、

「さいざんすか（さすが、名奉行さまのお裁きは違いますこと……）」

と言うしかなかった。


結局、姉が間に入り「母の意志」ということで押し切ってくれたのだが、こういうことで、きょうだいは簡単に揉めていくんだなって痛感する。

そして、後日。

「もう一生絶縁！」と思っていた兄と会う機会があり、**気が付いたら、うっかり仲良く飲んでいた。**痛恨のミス！

あ〜、私は昔から意志薄弱の初志貫徹ができない女なんだよなぁ……。

知らなきゃ損する!

一次相続に関する基礎知識

年々増える相続トラブル！遺産金額が少なくてもトラブルは起きる

遺産相続に関するトラブルは年々増え続け、今や**年間１万件以上起きています。**相続時のトラブルを未然に防ぐために、このページでは「一次相続」に関する基本的な知識についてまとめてみました。

遺産金額が大きいほど相続トラブルにつながる可能性は高いと思われがちですが、平成27年度の司法統計によれば、トラブル全体の約32％は遺産金額が1000万円以下で起きており、遺産金額が5000万円以下のトラブルは全体の約76％にものぼります。相続トラブルは決して遺産金額の多寡で起きるものではなく、「誰にでも起こり得る可能性のあるもの」と言えるでしょう。

◉遺産金額がいくらまでなら相続税はかからないのか

相続財産が基礎控除額以下の場合、相続税はかかりません。相続税の基礎控除額は**「3000万円＋600万円×法定相続人の数」**となります。

例えば、相続人が妻と子ども２人の場合は『3000万円＋600万円×３人』＝4800万円となりますので、相続財産が4800万円までであれば相続税はかかりません。

◉「一次相続」と「配偶者の税額軽減」

例えば、父親が死亡し、母親と子どもが相続人となる場合であれば「一次相続」となり、その後、母親が死亡し、子どもだけが相続人となる場合が「二次相続」となりますが、一次相続においては**「配偶者の税額軽減」**(*1) を使うことができます。

(*1) 配偶者の税額軽減
「配偶者の税額軽減」とは、配偶者の取得した財産が１億6000万円以下、または１億6000万円を超えた場合でも**「法定相続分」(*2)** までなら、配偶者には相続税はかからないという制度。ただし、「配偶者の税額軽減」を利用できるのは一次相続のみ。子どもだけが相続となる二次相続では、配偶者がいないため「配偶者の税額軽減」は使えない。

(*2) 法定相続分
民法で決められた相続人の取り分のこと。配偶者と子どもが２人いる場合、配偶者は$\frac{1}{2}$、子どもたちは残り$\frac{1}{2}$を子どもの人数で頭割りする（子どもが２人であれば、ひとり$\frac{1}{4}$）。

〔法定相続分〕
（配偶者と子ども２人の場合）

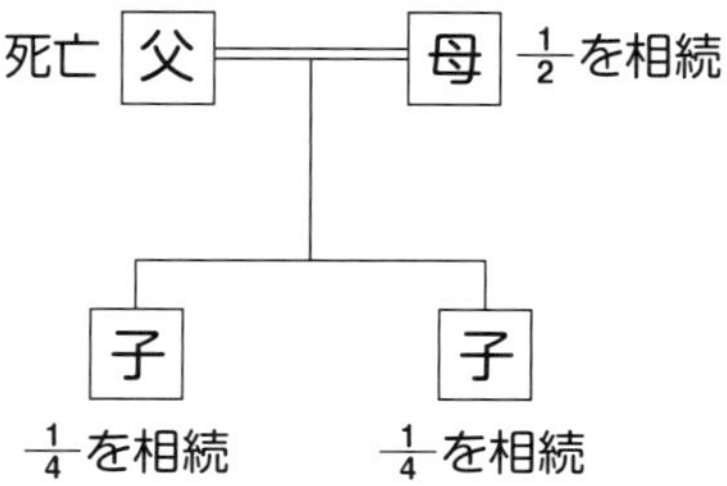

相続税の税額（法定相続分で相続した場合）

遺産総額	一次相続			二次相続		
	配偶者と子１人	配偶者と子２人	配偶者と子３人	子１人	子２人	子３人
4000万円	0	0	0	40万円	0	0
5000万円	40万円	10万円	0	160万円	80万円	20万円
6000万円	90万円	60万円	30万円	310万円	180万円	120万円
7000万円	160万円	113万円	80万円	480万円	320万円	220万円
8000万円	235万円	175万円	138万円	680万円	470万円	330万円
9000万円	310万円	240万円	200万円	920万円	620万円	480万円
１億円	385万円	315万円	263万円	1,220万円	770万円	630万円
２億円	1,670万円	1,350万円	1,218万円	4,860万円	3,340万円	2,460万円
３億円	3,460万円	2,860万円	2,540万円	9,180万円	6,920万円	5,460万円
４億円	5,460万円	4,610万円	4,155万円	14,000万円	10,920万円	8,980万円
５億円	7,605万円	6,555万円	5,963万円	19,000万円	15,210万円	12,980万円
10億円	19,750万円	17,810万円	16,635万円	45,820万円	39,500万円	35,000万円

例えば、一次相続で「配偶者と子２人」で２億円を相続したら相続税は1350万円だが、配偶者が亡くなった後の二次相続で子２人が２億円を相続すると、相続税は3340万円になってしまう。

◉「一次相続」では「二次相続」時の相続税も考慮する

「一次相続」は、「二次相続」時の相続税も視野に入れて考えるべきです。
親が死亡した際の「相続財産の額」や「相続人の人数」などの条件によっては、一次相続の時点で配偶者がすべて相続するのではなく、子どもたちも含めて相続した方が、トータルで支払う相続税額が安くなるケースがあるからです。
特に相続財産の額が大きい方は要注意なので、一次相続時に税理士などの専門家に相談されることをお勧めします。

第4章

介護で折れまくる心編

母親なら娘に対して
何をしても、何をやっても許されるわけ？
もう、どうにかなりそう。

TORII 18 RINKO

今日もスタッフにへいこら謝るのであった

母とスタッフとの諍いを仲裁しようとすると、目一杯面倒臭くなってくる

ホームよりお呼び出しである。

罪状は「鎮痛薬中毒」。

ホームのナースがおっしゃるには、

「リハビリで運動療法士付きでお散歩に出るのはいいが、そのせいで腰が痛くなり、夜中に鎮痛薬を所望する騒ぎになるのでは？　**鎮痛薬を手放せないほど飲むくらいなら、お散歩を控えた方が良いのではないか？**」

というご相談とも逆クレームともつかない話である。

ロキソニン（鎮痛薬）が手放せないのも事実だし、それがもしかして徐々に効かなくなってきているのでは？　という疑惑はある。

ナースにしたら、毎度夜中に電話で介護士さんから相談を受けるのだろうから「勘弁してくれよ！」って思うのも分かる（ホームのナースは日勤なのだ）。

しかし母は、

「お散歩を止めたら、自力歩行ができなくなる！」と主張して強硬姿勢を崩さない（ただし、自力歩行といっても、ひとりで歩けるわけではなく、補助は必要なのだ）。

ナースも一歩も引かず、「散歩を控えて欲しい！」と訴える。

運動しなくても死にはしないが、本人が例えどういう形であっても2本の足で歩きたいと言っている以上、それを止めさせるのもどうかと思うが、ナースの言い分も理解できる。

しかし、私はここいらあたりで目一杯面倒臭くなってくる。

母は薬が死ぬほど好きなのだから、仕方ないのだ。

薬で死ねたら本望だろう。

結局、次の2つを私が医者に相談することで母に納得してもらうことにした。

①ドクターにロキソニンの許容量の上限を教えてもらう（それ以上は飲まない）。

②ドクターに散歩して大丈夫かを打診する（もし「お散歩はダメ」と言われたら止める）。

これで、やっと私は解放された。

やれやれ、謝り通すのも楽じゃない。

そう思っていたら、またしてもお呼び出しだ。

「たらこ事件」発生である。

私たちきょうだいは父が亡くなった後に知ったのだが、母はものすごい偏食で、かなりの食物が苦手である。

そんな超偏食家である母の数少ない好きな食べ物に「たらこ」があるのだが、ホームでは塩分を気にしてか、食卓には上らない。

それで私は時々、母の好む上物を差し入れしているのだ。

ある週末、見舞った時に「（たらこを）冷蔵庫に入れておくからね」と言って帰ったが、母は「どこを探してもたらこが見当たらない！」と電話をしてきたのだ。

しかし、何故か週明けになって見つかったので、母は喜んでそれを食べようとしたのだが、ケアマネに取り上げられてしまい大喧嘩！

それで、私がお呼び出し……。

「お母様は賞味期限切れのものを召し上がると言ってきかないんです！　もしお腹でも壊されたらこちらの責任になりますから、お嬢さん、**こちらは処分でいいですね？**」

とケアマネ。

仕方がないので母には、

「もう一度買ってくるにはお店は遠すぎるから、たらこは諦めてよ」と言ったのだが、

「絶対に大丈夫なのに！　ケアマネが捨てる、捨てるってうるさいのよ！　**絶対に捨てさせないわよ‼**」とお怒りだ。

私はここいらあたりで、またしても目一杯面倒臭くなる。

「もう、たらこに当たっちゃって死んでもいいですから！　**もう二度とたらこは見たくないっってくらい食べさせてやってください！**　お願いですから、いちいち了解を取るために私を呼び出さないでください!!」

と本気でケアマネに言いそうになったが、埒があかないので折衷案で逃げてみる。

今夜の夕食だけということで、「電子レンジにかけてから食べる」→「夕食が終わったら残りは廃棄処分」ということにした。

ケアマネからも母からも猛クレームだ。

しかし、今回はご利用者さまのご家族さま（私）が「全責任を持つ！」と言い切ったので、最終的にはケアマネは折れて、母は不満気ながらもたらこにありつくことができた。

私は責任者ということで、母がたらこを食した後、その様子をしばらく見守っていたが、「こんなところでボーッと突っ立ってないで、早く帰って旦那さんのごはん作りなさいよ！何してんのよ、まったく！」とたらこ婆さんがおっしゃる。

……。

はいはい。早く帰って、ごはん作りますよ。この時間だと渋滞にぶつかって家まで1時間はかかりますけどね（怒）。

ケアマネに平身低頭で謝りながら、ホームを後にした。**もうたらこにまみれて溺れちまえ！**

19

老母のドクターショッピング

かかってきた電話が老人ホームの番号を表示しているとうんざりする

またしても母のホームからのお電話。

「お母様が眼科に行きたいという強い希望をお持ちなんですが、予約した方がよろしいでしょうか？」というナースからの問い合わせだ。

電話をする方もされる方もうんざり状態。

そりゃそうだ。「見えない方の目（網膜静脈分枝閉塞症《もうまくじょうみゃくぶんしへいそくしょう》で10年くらい前に片目を失明している）が痛い」、または「目の周りが赤い」という頻繁な訴えがあるので、その度に眼科に出向くが治療対象ではないらしく、まあ、門前払い状態。これが何度も繰り返される。

眼科に午前9時に入ったとしても、会計が済むのが午後3時。患者も付添人も疲労困憊《こんぱい》だ。ホームのナースもひとりに長時間拘束されてしまうので、できればご家族さまに付き添いをお願いしたいところだろうが、ご家族さま（私）は逃げ切りたい一心。

今回は平身低頭してナースにお願いした。

案の定、6時間の行程に怒り心頭の母が電話をかけてくる。

「9時に入ったのに終わったのが3時なのよ！　付き添いさん **（付き添いさんじゃねーよ、ナースだよ！）** にもお昼を買ってあげなきゃいけないし、大散財だわ！　のろのろしていて、こんなに待たせるんだからヤブだね！」

と、今回もお望みの治療というものが始まらなかったので、怒髪天になってらっしゃる。

ナースからも疲労困憊の連絡が入る。

「お母様の診断ですが、やはり特になんでもないということなんですが、見えている方の目が白内障気味ということで、手術をするかどうかはまた次回、決めましょうかってことになり、次回の予約を取りました **（次回はお嬢さんが行ってくださいね）**」

はぁ、白内障の手術……。視力1・0の人が0・8になったからですか？

母は騒いでいる。**「視力が落ちたのよ！　0・8しかないのよ!!」** と。

あのー、あなたの娘は両目とも0・1ありませんけど？

しかし、なんでそんなに医者に行きたがるんだろうか。

翌日、ナースから再び電話がきた。

「お母様が歯が痛くてどうしようもないとおっしゃるんですが、往診にいらっしゃる歯医者さんでは嫌だと言われるので、一番近くの歯科医院の予約を取ってもよろしいですか？　ただそこは提携病院ではありませんから、ナースの付き添い料として1時間2000円ちょっとかかります。お母様にうかがったら、それなら娘に付き添わせるわとおっしゃいますが……。どのようにしましょう」

今度は歯ですか？　しかも、私に付き添えと！

歯科医院の先生は衛生士さん付きで往診に来るのであるが、系列病院ではないからだと思われるが、診療が始まると書類にご家族さまのサインやらをたくさん求められ、しかも診察料が引き落としではなく、振り込みだったのでとても面倒だったのだ。

当時の母は特に歯そのものの治療は要らなかったので、治療するとすれば歯周病ということになり、衛生士の歯磨き指導が始まったことがあった。

その料金が1回1350円くらいだったが、

「そんな歯磨き指導に金を払うなんてまっぴらごめんだわ！」

という母の一言によって、治療は終わってしまったのだ（支払いには行かされた）。

そういう経緯があったんだが、そうですか、再び歯に関心が向きましたか……。

母は直近3ヵ月で、**「腰」**↓**「インフルエンザ」**↓**「肺炎予防球菌」**↓**「目」**↓**「歯」**と大騒ぎしている。

「腰」は「毎日、骨粗しょう症予防の注射を打つ！」という目標ができたらしく、誰が毎日、整形外科に連れて行くかで揉めまくるという次第。

「インフルエンザ」は前年に罹患したので、「今年、予防注射をするとインフルエンザにかかってしまう」という母の勝手な思い込みにより、予防接種を断固拒否。「ご家族さま、ご説得を」というホームからのお達しで、仕方なく私は母の説得に出向いた。

「肺炎予防球菌」の時は、「肺炎予防球菌は打たなければならない！　肺炎になってしまう！」と大騒ぎをし、「役場に用紙を取りに行け！　申し込め！」と言ってきたので急いで手続きをしたのだが、母の中ですぐにブームは去ったらしい。結局、打たなかった。

「老人ホームに入れたんだから、楽になったでしょ？」といろんな人に言われるが、全然そんな気がしないのは気のせいだろうか？

私、数えたら、もう10年以上、母の病院付き添いをやっているんだよなぁ……。

昔、お姑が、

「理想はピンピンコロリなんだけど、そうすると、りんこさんはきっと後で〝ああ、もう少し、いろんなことをしてあげればよかった〟って後悔すると思うから、２週間看病してもらって、それであの世に逝きたいわ～」

って言っていたことがあるんだが、その時は**「いえいえ、悔いないですから～。お気遣いなく～！（懇願）」**って危うく言いそうになった。

でも、介護は２週間は短いとは思うけど、いいとこ３年だと思う。やっぱり、介護年数も２ケタになってしまうと負担感しか残らない。

かかってきた電話が老人ホームの番号を表示しているとうんざりする私である。

TORII
20
RINKO

天国ブロック

お父さん、もうそろそろお母さんをお迎えに来てもらえないですか？

ウチの母は大昔からだが、私がとても忙しくて、対応できない、または構ってあげられない時に限ってやらかす。

今回は骨折の疑い。

なんでもタンスを開けようとして、バランスを崩して転倒。

お決まりの「腰椎圧迫骨折」ってやつになりました。

ホームの方々は一斉に、

「ご用事があるときはコールしてくださいって、何度も何度も何度も言うんですが、お母様はご遠慮なさるみたいでコールボタンを押されないので、結果、このような事故につながって！（怒）」

とおっしゃる。お手間をおかけしている私は平謝り。

ただ、一言訂正するならば、母は遠慮をしているのではなく、ひたすら面倒臭いのでコールを押さないだけである。

母の面倒臭がりは筋金入りで、

使っていたタオルを戻すのが面倒臭いので、タオルをそのままベッドの方角に投げようとしたら、身体がそのまま引っ張られてしまったらしく、転倒。

車椅子に乗って移動するのが面倒だったので、歩こうとしたら、転倒……。

こういうことを日常的に繰り返している。

つまり、大半の事故は母自身のせいなのだ。

しかし、事故のたびにホームからは緊急通報が私にかかってくる。

ホームは基本、「病院へ連れて行く」などの判断はキーパーソンである私の意見を聞いてからにしているので、何にしても必ず連絡がくるのだ。

「お母様は『痛い、痛い』を連発されていますが、どうしましょうか？」

というような感じだ。

「すみません、私、今出先なもので、申し訳ないですが系列病院に連れてってってください」

と私。

「お母様は系列病院だと4時間待つから、お嫌だとおっしゃいますが？」

とホーム側。

「じゃ、近くの整形外科でいいです！」

と私。

「お母様はナースの付き添い料がかかるから、お嫌だとおっしゃっていますが？」

この時点でイライラが頂点に達する。

「もう、お金かかってもいいですから、行ってください！」

診察が終わったと思う頃に結果を聞きにホームへ行く（ちなみに、ホームはわが家からは車で30分くらいかかる）。

「骨折ではないと先生はおっしゃるんですが、元々、骨がつぶれていますものね。でも『痛い、痛い』って何度もおっしゃってたんですけど、帰りにドラッグストアですとか、果物屋さんに寄れってておっしゃるんです。それで寄ってからホームに帰ってきたんですが、そのために時間超過になって付き添い代金がかなりかかってしまいました……」

とホームのナースさま。

はいはい。払います。払わせていただきますとも！

しかし、なんで診察が終わったら素直に帰らないで、そうやって余計な所に寄るわけ？

付き添い料がもったいないって、いつも自分で言ってるじゃん！

くそー、本当に腹が立つ！

母に「骨折じゃなかったんだって？」と聞くと母はこう言った。

「あの医者はヤブだね！　この痛みは絶対ひどい時の骨折の痛みと同じだ！」

そして、

「ちょっと、付き添いさん（付き添いさんじゃなく、ナースな！）の料金がすごいらしいじゃない？（怒）**（りんごが行けばタダなのに！）**」

と私をにらんでくる。

「あのね～、私は今、すっごく忙しいって言ったよね？」

こう返した私に、母は矢継ぎ早に畳み掛けてきた。

「忙しいって、毎日何してんのよ！」

「え？　コラムを書いてる？　何、それ、いくらもらえんの？」

「え？　たったそれだけ？　呆れた！　やめればいいのに!!　**バカみたい!!!**」

……もうこの人、本当にどうにかなりませんかね。

母のあまりのワガママ振りに、ついに母への面会は、私とウチの息子、そして超短時間しかいないウチのダンナだけになってしまった。

つまり、きょうだいはアタシに丸投げしてバックれたのだ（当然、電話も滅多にしてこない）。

しかし、こんなに「痛い」しか口にしない状態で、母は生きていて楽しいんだろうか？

だから最近の私は、

「お父さん（亡くなった父）、そろそろお母さんを迎えに来てくれてもいいんだよ」

というお願いを日常茶飯事的にしているのだ。

ちなみに姉も、父の命日に墓参りに行った際、

「不自由で痛みもある体で生き続けるお母さんは可哀想過ぎるよ。早くお母さんを呼んであげて」

と父に語りかけたらしい。


私は、仲が本当に良いご夫婦ってどちらかが先に逝くと、先に逝った方が残った方に呼び出しをかけるんじゃないだろうかと思っている。

「そろそろ、おいでよ～♥」みたいな、**「呼ばれる現象」**があるに違いない!!

というのも、最近知人がまだ50代の若さで亡くなったのだが、その知人は1年前に亡くなった奥様の後を追うかのような死だったのだ（原因は悪性腫瘍）。

ドクターから余命も告げられていたというし、死期を悟っていらしたので最期は、

「悔いはない。いい人生だった」

というようなことをおっしゃっていたらしい。

50代……。しかもアラカンではなく、アラフィフなので若過ぎるのだが、病室に「奥様の写

真」が大切そうに置かれていたという。

話を聞くに、本当に慈しみ合うご夫婦だったんだろうなって思う。

ウチの場合、**父と母は超絶不仲**だったし、母は父の親戚たち（すべて鬼籍）をいつもディスっていたから、父は絶対に呼び寄せないだろう。

きっと父が「天国ブロック」をかけて、**母の旅立ちを全力で阻止しているに違いない。**

不仲な夫婦って、未来永劫、不仲なんだなぁって感じる。

父と母の戦争に巻き込まれ続けた、被害者でしかない私は、父の死後もなお延々と続いている不仲に正直、疲弊しきっている。

……私はもうどうにかなりそうだ（泣）。

TORII 21 RINKO

遺伝子レベルで介護を語る

何故、母の用事は面倒臭く感じるのか？　ＤＮＡと介護の密接な関係

久々に目から鱗話を聞いた。

サイエンス・ライターという人と話をしている最中、私はある疑問を口にしたのだ。

「同じような用事でも、わが子に頼まれた用事は比較的、軽快な感じで、そんなに苦に思わずにやれるのに、**なんで親に頼まれる用事はこんなに面倒に感じるんでしょう？**」

「もう、最初に『面倒くさっ！　やりたくねー!!　なんで、アタシが!?』みたいになっちゃうんですよね。これって、どういう心理なんでしょうか？」

そうしたら、そのサイエンス・ライターはこう即答されたのだ。

「それはね、りんこさん。人間にはそういうプログラムがないからよ。あらゆる生命体には『子を産み、育てる』というものはあっても、**『親の老後をみる』というプログラムは入ってないの。**親なんて、ほんのちょっと前までは一番下の子が15歳（元服年齢）になるかならないかくらいで、みんな死んでたわけなのよ」

「親の用事をやってあげようったって、その親は自らが用事を果たせなくなった段階で、全員

が死んでたってこと。子どもがやる必要もなかったのよね。生きてる人はよほど丈夫な人で、子どもに頼ることもなく、ポックリだったんじゃないかしら?」

「子どもが親の用事をあれこれやらなくちゃいけなくなったのは本当に最近で、それもわが国だけの特殊なことだと思うわよ。つまり、〝DNAに元々組み込まれていないこと〟をやらなくちゃいけないというのは、ものすごい苦痛を呼ぶものだと考えられるわけ」

「だから、わが子の面倒はいつまで経ってもみられるけれども、親の面倒をみるってことを体と心が拒否するのは仕方ないと思うわ。**元々、プログラムされてないことを理性の力だけでやろうとしているんだから、逆にすごいと思うね**」

うぉー! それだったか!!

「うふ♪ お母さん、これプレゼント!」とか言いながら、水道料金の請求書をくれるひとり暮らしの娘。

「うふ♪ これ、買っちゃったから払っといて!」とか言いながら、よくわからん健康食品の請求書をくれる母。

娘には「ったく、何に使ってお金がないのかね……」と呆れながらも、水が止まっては一大事とすぐにコンビニに駆けつける私だが、母には「健康食品の請求書かぁ……」とうんざりする気持ちしか湧いてこない。

サイエンス・ライターが「ほんのちょっと前まで、親は一番下の子が15歳になるかならないかくらいで、みんな死んでた」と言っていたが、確かに昭和22年の日本人女性の平均寿命は53・96歳だった（左ページのグラフ参照）。

女性は末子をある程度育て終わると同時に役目を終えて、天に召されていたんだよな。

私は時々、寿命が分かるといいなぁって思うことがある。

父は「肺癌・余命3ヵ月」という宣告どおりに旅立った。

父を自宅で看た3ヵ月はそれなりに厳しい日々だったが、有限ということを承知していたことと、頃合いが90日間という家族介護でもギリギリ耐えうる日数だったからこそ、介護する方、される方、双方にある意味、深い満足があった別れだったようにも感じている。

多分、**介護はその期間が問題の中枢にあるのだ。**

介護の期間が誰にも読めないところが問題を複雑にしている。

「老母のとめどなく出てくる小さな用事」に対してうんざりすることに、罪悪感を抱いていた私だが、サイエンス・ライターの言うように**「親の面倒をみることが、元々プログラミングされてない」**なら、それも仕方ないではないか。

それをも乗り越えて、どうにかでもやる私。

なんか、ものすごく偉い子のような気がしてきた。

平均寿命の年次推移

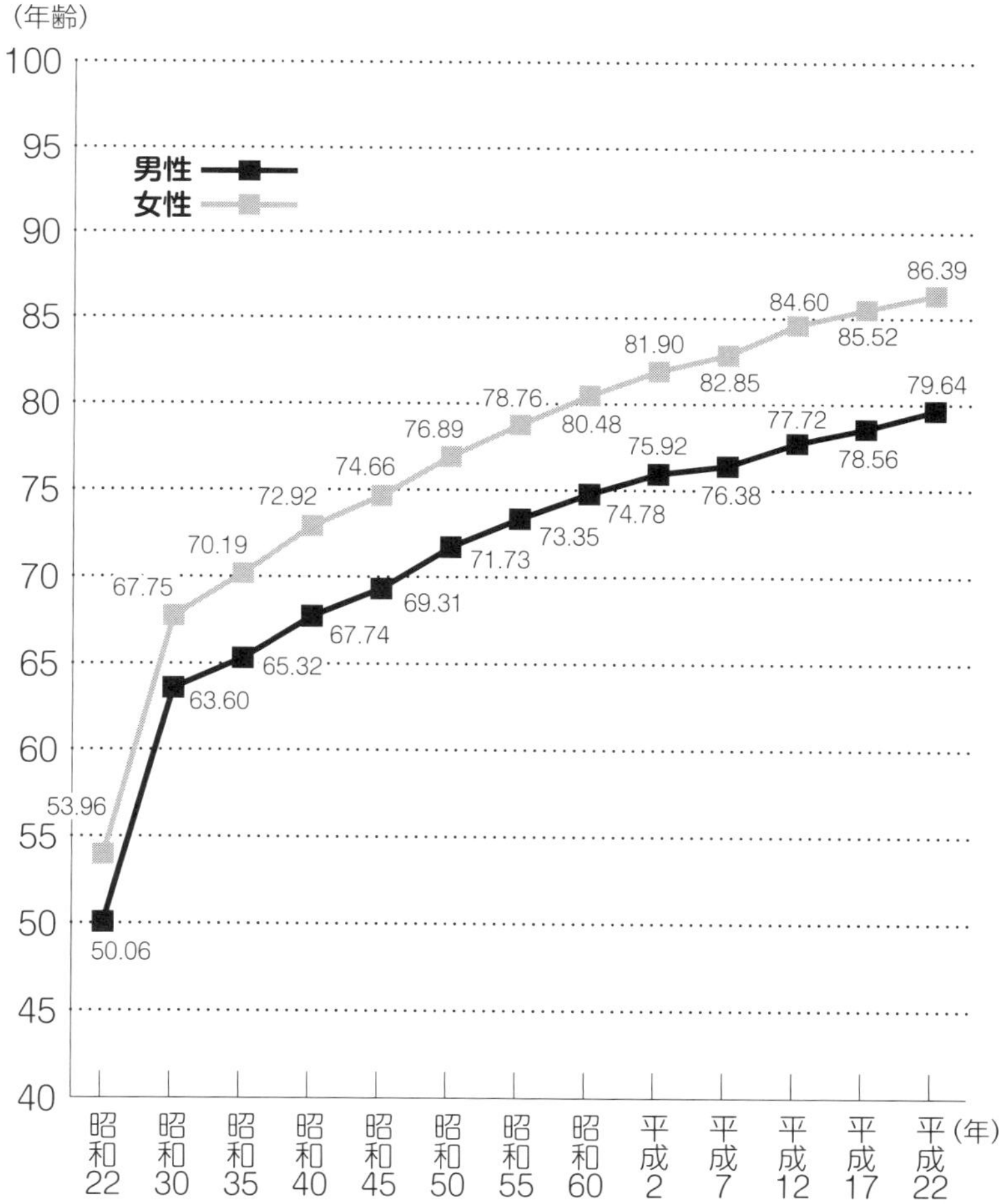

平均寿命の年次推移をみると、戦前は50年にも満たなかったが、昭和22年では男性50.06年、女性53.96年となった。その後、平成12年には男性77.72年、女性84.60年となり、昭和22年から平成12年までの約50年で、男性は27.66年、女性は30.64年、平均寿命が延びたことになる。

参考：厚生労働省ホームページ

TORII 22 RINKO

母の介護で心が折れる時

娘に対しては、何を言っても何をしても許されるわけ？

介護生活に10年超は長いと思う。どんなに長くても、仏の顔も3年だと思う次第。

これは例え同居介護でなくても、キーパーソンになっている時点で、否応なく自分の人生が不当に侵食されていくような錯覚に陥るからだ。

体力は使うし、当然、時間も費やす。経済的にも近くにいるキーパーソンの持ち出しになることは結構あるので、塵も積もれば……で、それもジワジワくる。

それプラス、メンタルの問題が出てくるわけだ。

これが多分、一番しんどい。

このメンタルを維持するのは、ズバリ介護される側からの「感謝の気持ち」しかないと思うのであるが、こちとら、お金が発生するわけではない完全無償労働。

それを「育てていただいた恩義」だけで10年を超えるのは何の懲役刑かと思ってしまう。

要は私は口先ではない、心からの「ありがとう」という言葉を欲しているのだと感じるのであるが、それもない状態で「娘だから」という理由だけで縛り付けられるのは、もはや暴力だとすら思う次第。

「思うように体が動かない」

「嚥下がうまくいかなくなる」

「いつもどこかしらが痛い」

などの症状で、母が不安と不自由の中にいることは確かではあるが、すべての人に対して（特に娘に対して）、

「采配を振るいたい」

「自分の駒のように動かしたい」

という傲慢さはいかんともしがたく、毎日、何らかの事件が起こるのである。

ある日、「ドラッグストアに行きたい」と何度言ってもホームのスタッフが連れて行かないということで、母が怒髪天を衝く状態になっていた。

30分1000円のヘルパー料を払えば、どうにかすることも可能だが、それは死んでもやりたくない母。そこで一計を案じなされた。

過去、救世主のようなケアマネさんが、ご自分の非番の日にボランティアで連れ出してくれたことがあったようで、老母の脳内では「やれば、できるじゃない！」ということになってしまったのだと思う。

そこでしつこくケアマネさんに「オムツがなくなる！　今日、買いに行かないと！」と責めまくっている時に私が参上。

オムツはホームのものを自由に使用できるようにホームと契約しているにもかかわらず、母はそれを無視。オムツはホームで一括購入した方が安い場合もあり、持ち込みは家族にとっても大変な手間になるので、そういう契約を結ぶ人が多数派なのに、である。

私はケアマネに平身低頭で謝り、すべての予定を先送りにして、急きょ、母をドラッグストアに連れて行った（ドラッグストアへの往復作業だけで、軽く2時間以上はかかる）。

母を持ち、オムツを持ち、化粧品を持ち、食品類を持ち、狭い通路を歩くのだが、ようやく

車に荷物と母を積み込み、車を発進させると、母は**「軟膏を買い忘れた」**と騒ぎ出す。

道を1周し、またドラッグストアに戻り、もう母を支えて歩くには私の体力が残っていなかったので、「車で待ってて！」と言い残してひとり軟膏を買いに店に戻る。

しばし経ち、1種類しか置いていなかった軟膏を買って車に戻ると母はこう言った。

「こんな大きいのを買ってきちゃって！　邪魔じゃないの！（怒）」

こういうことは日常茶飯事で、尿取りパッドなんかも補充に行くと**「何故、安いCドラッグで買わないい!?」**と怒り出す。

あのぉ～、お言葉ですがCドラッグはウチの近所にはなく、行くとしたらガソリン代がかかりますが？

こう言っても、「Cドラッグ＝安い」とインプットされた母の鉄の意志を変えるのは難しいのだ。

たまには外の空気を吸わせてあげようと、決死隊となって連れ出すことも結構な頻度である。しかし、毎度毎度、丁寧に私の心は折れていく。

例えば、私としては「来年、この人は桜を見ることはできないかもしれない」という気持ちで、有名な桜並木の通りへ花見に連れて行くのだが、母はこう言う。

「たったこれだけ？」

また、「母が大好きな観劇も、もうこれが最後になるかも……」という気持ちで劇場へ連れて行けば、こう言われる。

「アンタが来たかったんでしょ？」

母をホームから連れ出すまでには大変な労苦を伴う。

車椅子から母を車に移乗させ、車椅子（かなり重い）を車に積み込み、息も絶え絶えに発進準備完了となると**「トイレに行こうかしら」**と母からしれっと言われ、再び、逆の手順を踏んだりすることはもう「お約束」なのだ。これが外出先では頻繁に繰り返される。

もし車椅子用トイレがなかったりしたら、もう悲惨度具合が飛躍的にアップするのだ。

母と同じ難病にかかり、寝たきりになっている親を看ている知人に聞くと、

「患者がどうにか動けるうちが、介護者家族にとっては一番キツイ」

のだそうだ。

多分、本人の「こんなはずでは！」という、思うようにならないもどかしさをぶつける相手が、よりによって一番身近なキーパーソンになるからだろうと想像している。

ホームでの「祭り」の時にもこんなことがあった。

職員さんたちが、一生懸命練習したと思われるソーラン節を披露してくれ「ソーラン、ソーラン」の掛け声に、ホームにお世話になっている入居者の家族も「ソーラン、ソーラン」と盛り上げる。それがある意味、感謝を伝える礼儀でもあるからだ。

もちろん私も、声を張って応援した。

すると終了後、母は私に**「アンタが一番、楽しんでいたわね」**と呆れ気味に言ってきたのだ。

このことを友人に話すと、友人は深く頷きながら、こう言ってくれた。

「ウチもよ！　ウチの母の老健（介護老人保健施設）では、看護学生さんが祭りを盛り上げてくれるんだけど、母は『せっかくだから、見ましょうよ』って言う看護師さんたちに『**だから、私はこういうのは嫌いだって言ってるでしょ！**』って怒鳴って、部屋に帰してくれって言い放ったからね」

「誰のためにやってくれているのか少しは考えて欲しいわ。無礼を詫びるこっちの身にもなれ！　って思うわよ。年を取ると自己中に拍車がかかって、自分のことしか考えられなくなるのかしら。ホントに頭にくることだらけよ」

いずこも同じかと思えば、少しは気が楽になる。

しかし、どうしてこう一番身近なキーパーソン（娘であることが多い）に理不尽とも言える振る舞いができるのだろう。こう思い悩んでいたある日、あっさりと解を見つけてしまった。ホームで母と90歳のご婦人のやり取りを目撃したからだ。

ご婦人はにこやかにこう言った。

「私もだけど、あなた、娘を産んでいて良かったわね〜。このために育てたようなものだもの。息子に対してはなかなか愚痴も言えないけど、**娘には何を言っても、何をしても許されるものね**」

母も満面の笑みで同調していた。

なるほどね〜。このために育てたのか……。

老人ホームに親を入れているのだから、同居でもないくせに何が疲れるのか？

こういう質問をものすごく多く受けるが、要はこういうことで丁寧に心が折れている。

私はもう10年以上、こういう歳月を重ねているんだよなぁ……。

TORII 23 RINKO

命を削りながら仕事をしている介護のプロたち

介護施設入所者への「スタッフによる虐待問題」は、氷山の一角に過ぎない

母のいる老人ホームは、子である私が時間をかけて選び抜いたコスパと待遇のバランスがとても良いところである（入所費用はそこそこのお値段なのではあるが、お値段以上のサービスを提供してくれる）。

ホーム長、ケアマネ、運動療法士、ナース、スタッフのチームワークがとても良く、ホームの方針もとても気に入り、運良く入所の希望が叶った物件なのだ（介護施設選びのノウハウなどは前作、『鳥居りんこの親の介護は知らなきゃバカ見ることだらけ』で詳しく述べておりますので、よろしければ参考にしてください）。

しかし現在、私は想定外の事態に追い込まれている。

ホームの職員が入所当初とは全く変わってしまったからだ。

「介護は人」なので、職員が変わればホームの雰囲気もガラリと変わる。

ホームには転勤もあれば退職もあり、職員は未来永劫、同じ人たちではない。

なんでこんな当ったり前なことに気が付かなかったんだろうか、自分。アホすぎる！

入所当時からスタッフの入れ替えはちょいちょいあったのだが、あまり気にしていなかった。

ところが入所1年でホーム長が転勤。

その半年後、ケアマネが転勤。

同じく運動療法士が退職……。

この後、雪崩現象が起こって、10人くらいが一気に入れ替わった。

今では入社3年目にあたる20歳の子が、ベテラン枠の上から3番目なんだそうだ。つまり、古参の正社員が極端に少なくなったといえる。

また、夜勤への対応可能なスタッフがなかなか採用できず、以前に比べて夜勤のローテーションが鬼のように回ってくるという現状もあるらしい。

用事があって、夜といえるような時刻にホームに行ったら、懇意にしているスタッフさんが夜勤だったので少し話をした。

すると、そのスタッフさんがこんなことを言ったのだ。

「なんか（不規則過ぎて）**もう命を削りながら仕事してるって感じで……**。自分の寿命は短いだろうなって思ってるんです」

ええー！　限界5秒前！　って感じですか？

あなたに辞められちゃうと私は非常に困るんですけど!!

と必死に慰留に努めたのだが、考えてみれば平均年齢90歳超の施設で若者たちが死にそうになっているのだ。

死ねない年寄りと、死にそうな若者……。


そうこうしているうちに、頼りにしているスタッフさんがまたひとり辞めた。理由を聞いてみたら、以前のように介護に情熱を注げなくなってしまったということだった。

湘南界隈では毎年夏にいくつかの花火大会が行われており、母のホームからはその花火を見ることができる。

なかでもホームの地元が開催する花火大会は大盛り上がりなので、ホームでは花火観賞大会を行ってくれるのであるが、他の町が実施する花火もホームから見ようと思えば見えるのだ。

それで、そのスタッフさんは会議の席上、

「他の町の花火も屋上で見物する会を作りましょうよ」

と提案したらしい。

しかし、賛同者は皆無。

出た答えは、（人手が足りないので）**怪我人を出すリスクがあるため認められない！**というものだったらしい。

「ほんのちょっとの手間で、入所者さんたちに喜んでもらえるんですよ。単調な毎日でも、そういうことが少しだけでもあると、入所者さんの笑顔が見られるじゃないですか。その笑顔が見られたら私も嬉しいし、仕事、頑張ろうって思えるのに、賛同者はひとりもいなかったんです」

「それは怪我につながりかねないからダメ。ヒヤリ・ハット(*1)を発生させてはダメ……。つまり、ただでさえ人手が足りないのに、余計な仕事を増やすな！ ってことなんです」

スタッフが退職などでホームを去る際、基本的には「お別れのご挨拶」はない。入所者さまの「ご不安」につながるからだそうだ。

「モチベーションが保てない」と言っていたそのスタッフさんが退職することは知っていたが、いつだかがよく分からなかったので、お世話になったのにお別れも言えなかった。

当然母は、

「あれ？ そういえば、あの方、見えないわね。ご病気じゃなければいいけど……」

ということを言う。そこで私が確認すると、「辞めました」ってことになっているのだ。

母はお世話になったお礼すら言うことができず、心残りだったろう。

今、母のホームは派遣のスタッフの方が多い。

派遣スタッフが悪いのではなく、極めて短期間の契約だということが悪いのだ。2ヵ月とか3ヵ月で入れ替わるので、顔を覚えたと同時に去って行く。

「（正職員の）求人は出しているんですが、人が来ないんです！」

とはホーム側である。

ある時、中堅どころのスタッフと話をしていたら、こんなことをおっしゃっていた。

「私が前に働いていたホームでは、新人が入ってくるとリーダーが『**Aさんからの夜中のコールの1回目はスルーで**』って指導するんです！」

「Aさんは不穏(*2)なので職員を呼ぶんですが、だからと言って無視しろって新人に教えるのは介護じゃないって私は思っているんですよ。もし、本当に大事が起きていたら、間に合わないってことですよね。もちろん、言える立場じゃないから黙っていますけど、リーダーは『**あなたも順守で**』って私にプレッシャーかけてきましたから……」

スタッフはギリギリの人数で、それこそ命を削っているという意識がありながらも日々を回すことだけに精一杯で、入所者に寄り添う理想の介護はできないと嘆く。

私は介護職を準公務員扱いにして、給与と手当と年金系を公務員並みに保障したらどうだろうと思っている。

それが無理ならば、介護職として奉職した場合は、自身に介護が必要になった際、「特養の待機順が上がる」とかの何らかの特典があるようにするというのはどうだろう。

財源などの問題があるのだろうが、例えば、

「財産を残して亡くなった年寄りの相続税の一部は介護職員給与に回す」とか、

「相続税は〝自分はこういうところに使ってほしい〟という希望が叶う制度にする」とか、無理やりにでも介護分野にお金を引っ張ってこないと、**劣悪な介護はドンドン増えていってしまうだろう。**

近年、メディアなどで大々的に報じられている「介護施設入所者へのスタッフによる虐待問題」は、氷山の一角に過ぎないはずだ。

日本の介護の現場は疲弊しきっている。

だからこそ、私たちはこの国の介護のあり方を改めて考え直し、様々な介護問題と真剣に向き合っていかなければならないと思うのだ。

(*1) ヒヤリ・ハット：事故には至らなくても、場合によっては事故に直結したかもしれない事象のこと。

(*2) 不穏：「過剰な動き」「行動の増加した状態」などとされ、落ち着きがなくなったり、叫んで暴れたりする状態のことをいう。病院や施設の専門職である看護・介護・リハビリスタッフの申し送り等で、「不穏」という言葉がよく使われる。

りんこの 

ワンポイントアドバイス❹

辛い気持ちを抱え込まず 早めに気持ちをリセットしましょう！

介護をしていて気持ちが沈んだ時や、心が折れそうになった時、ひとりで抱え込んでいては絶対にダメです。**真面目な人ほど自分を責めて、自分自身をどんどん追い込んでいく傾向が強い**のですが、その状態では決して心の問題の解決には至りません。最悪の場合、介護する人・される人、お互いにとって、大変悲しい結末を迎えることになるかもしれないのです。

私は同じ境遇の友人たちとのお喋り（愚痴り合い）が一番の特効薬でした。ここでは、そのお喋りの中で印象に残った、友人たちの「介護に疲れた心のリセットの仕方」を紹介したいと思います。

介護に疲れた心のリセットの仕方

1. ケアマネなどの介護のプロにひたすら愚痴る。
2. ネットで自分が共感できる介護ブログを探して、そのブロガーにメールで相談するなどを通して、ネット友だちを作る。
3. 自分が楽しむことに罪悪感を持たないようにして、「食べる」「飲む」「買う」など自分にごほうびを与える。
4. 必要経費と割り切り、美容、リラクゼーション、マッサージ、習い事など、自分の好きなことをして疲労を癒してあげる。
5. 「今日も頑張った」「いつもよくやってる」など、介護に向き合っている自分を常にほめるようにする。
6. 同居介護ならショートステイ、あるいはレスパイト入院(※)を頻繁に利用する（その方が入所順も早まるメリットもある)。
7. 施設介護であれば、一時的にプロに丸投げし、わが身の休息をはかる。

（※）レスパイト入院：レスパイトとは「休憩」の意味を持つ英語。自宅療養を続けている患者の家族をサポートするために医療機関が自発的に行っている医療サービス。

第5章

認知症と親のお金の管理編

親がボケたら定期預金は、下ろせない!?
だから、親が元気なうちに
やらなきゃいけないことがある。

TORII 24 RINKO

イチかバチかのキャッシュカード

もし暗証番号を3回続けて間違えたら、その後は地獄の復活手続きが待っている

P8で述べたように、母をだまし討ちにしたX銀行。平気で高齢者を食い物にするやり方に怒り心頭の私は、X銀行の金融商品をすべて解約し、母のメインバンクをそれまでのX銀行からZ銀行へ変えることにした。新たに口座を開設するとなると、また老母を背負って銀行に出向き、いろいろな書類を持参しなければならないので、元々、母が持っていたZ銀行の口座を使うことにしたのである。

ある日、私は姉と一緒にZ銀行に出向き、ATMで母の生活用品を購入するための軍資金を引き出すことにした。

するとZ銀行のATMの前で姉が呆然としているではないか。

「どした？　どした？　金が入ってないってオチかい？」と私が聞く。

「いや、その前の段階なんだけど……。**暗証番号が違うって……**」と姉。

「え？　だって、お母さんから聞いたんじゃないの？　暗証番号」

「聞いたよ。あれ、おかしいな？ 打ち間違った？ 今度はりんこがやってみて」

おー！ 任せろ!! っとばかりに今度は私が入力してみる。

ええー！ なんで受け付けてくれないの!?

姉が真っ青になっている。

「りんこ、3回連続で間違ったら、カードが機械に吸い込まれるって聞いたことがある。つまり取引停止ってことだよね？ どうする？ もう1回、やってみる？」

ぎゃー。その話、私も聞いたことがある。

連続2回の失敗で使用不可だとか、磁気に何かが書き込まれて使用不能にされてしまうとか、そんな話だよね？

確か、1日のうち2回までの失敗はOKで、日を跨いだらリセットされて再びトライできるっていうヤツじゃなかった？

ATMの前で姉妹は「あーだ、こーだ」になるが、結局、ビビッて3回目にトライする勇気は持てなかった。

これは母からもう1回「正確な暗証番号」を聞き出すしかない。

母のところに急行した。

「なんで違う番号、教えるのよ！」と既にキレている私に母も一気に不機嫌になる。

「知らないわよ！ その番号で合ってるんだから！（怒）」

……こりゃダメだわ。

もし暗証番号を間違えて取引停止になったとしたら、**母本人がZ銀行に足を運ばなければ、事態は絶対に打開できないだろう。**

あ〜、ちょっと考えただけで気持ちが萎える。自力で動けない人を連れて行くのはものすごく疲れるのだ。またこれだけで1日仕事になってしまう。

嫌だ！　ただでさえ、母のための拘束時間は長いのに冗談じゃない。なんとしても、このキャッシュカードを蘇らせる！

翌日、私は再びZ銀行の元に出向き、窓口のお姉さんに聞いてみる。

「暗証番号を忘れてしまって……。昨日、2回トライして失敗したんですが、日を跨ぐとリセットされて、再び試すことができるって聞いたことがあるんですが……」

お姉さんは極めて冷静にこう述べられた。

「セキュリティの観点から、何回目の誤入力で使用できなくなるかは申し上げられませんが、**日を跨げばリセットされるということはございません**」

え？　つまり、チャンスはほぼ後1回だけってことか？

最悪、この3回目をミスったら、キャッシュカードにロックがかかる。

ロック解除にしても、新たなキャッシュカードを作るにしても、超面倒臭い手続きが要り、しかもその間、私が母の生活用品費用を立て替えし続けないといけないってことか……。

どうする、りんこ？　ワンチャンスに賭けるか⁉

私は集中力を研ぎ澄まして、あらゆる番号に思考を巡らせる。

元気だった頃の母が決める4桁は何だ？

私は決断した。ゆっくりとひとつずつ、数字を押していったのだ。

さぁ、「このカードは使用できません」表示が出るか？

私は判決を待つ被告のように、その瞬間、目を閉じた。

……。

すると機械が「いくら下ろすの？」と聞いてきたのだ！

やった！　勝った！　この戦いに私は勝利したのだ。

大げさではなく、思わず涙ぐんでしまった。

キャッシュカードの暗証番号を忘れるという事態は老親にはよくあること。だから親の頭がハッキリしている時に、
①口座があるすべての金融機関の**「預金通帳」**
②その預金通帳に対応した**「届出印」**と**「キャッシュカード」**
③そのキャッシュカードに対応した**「暗証番号」**
をキチンと整理しておこうと固く心に誓ったのだった。

TORII 25 RINKO

母がボケ始めたことを認めざるを得ない

「大丈夫、大丈夫！　年寄りにつきものの勘違い、勘違い」ではなかった

最初に母の言動に異変を感じたのは、母がホームに入って、確か1年ほど過ぎた頃だったように思う。

母と同じホームに入っているAさんとBさんには、それぞれ70歳の娘さんと50歳の息子さんがいるのだが、母はその「Aさんの娘さん（70歳）」と「Bさんの息子さん（50歳）」が実は同級生で、このホームで久しぶりに再会したのだと言ってきたのだ。

基本、**母の話は「日常生活における現在の不平不満」か「過去に経験した不平不満」のどちらかしかない。**特に後者の「過去に経験した不平不満」は、今まで何万回も繰り返し聞かされてきた同じ話で、「それ聞いたから」と遮断しても話は一向に止まないため、どちらの話になろうとも、私はいつも適当に相槌を打って聞き流していたのである。

しかし、そのAさんの娘さんとBさんの息子さんの話には「ちょっと待った！」をかけた。

70歳と50歳が同級生になるはずないだろーが！と指摘したのだ。

「だって、同級生なんだから仕方ないじゃない！」と母が訴える。

しかし翌日、母からその件については全く何も言ってこなかったので、その時は「なんだ、母の勘違いか」と思い、それ以上は触れなかったのだ。

それ以降も「不思議に思う」母からの話は度々あったんだが、それを追及してしまうと、ものすごく面倒臭くなりそうな気がして、「不思議に思う」こと自体をスルーしていた。

それは、母は重箱の隅をつつき出すことが日常だったので、母のことを**「ボケどころか相当しっかりしている！」**と思っていたからである。

例えば、母は何故かバナナに執着するのだが、バナナを差し入れると必ず「それはいくらで買ったのか？」と問うてくる。そして、私が正直に「148円だったけど？」と答えるとキレてしまうのだ。

「なんで98円で買わないの⁉　人のお金だと思って‼（怒）」

あの〜、そのバナナ、ウチのダンナの金で買ってきたんですけど……。

まあ、何をやっても、何をしても、ひとつひとつに丁寧なダメ出しがあるのだ。

そんな風だから「あれ？　なんか変？」と思っても、面倒臭さが勝るので、すぐに思考がこうなった。

「大丈夫、大丈夫！　年寄りにつきものの勘違い、勘違い」

そんな中、介護保険の認定調査が入り、ホームのナースが認定調査員さんにこう言ったのだ。

「毎日、お膝の注射は打っているんですが、打ったにもかかわらず『今日は注射まだなの？』っておっしゃることが頻繁にあります」

一瞬、気が遠くなりそうだった。

「ボ、ボケとるやないけ――!!!!!」

思い当たる節が次々と思い起こされ、一気に頭の中が一杯になった。

ああ、あれもそれもこれも、私の気のせいではなかったのか……。

そんなある時、母が姉に「修がゴールデンウィーク明けに、家（母の住んでいた実家）に連れて行ってくれたのよ～♪」と話したらしく、その真偽について、姉から私に確認の電話が入った。

あの～、お母さんの大好きな修は、ゴールデンウィークどころか、正月以降一度もホームに来ていないんですけど……。

そして、ついにこうなった。

「お中元を贈らないといけないから、手配しなさい」と母。

はいはい。どこにお贈りすればいいんでしょうか？　と下女である私は母に尋ねる。

「C子おばさんと、修と、それから……」

C子おばさんは贈るけど、兄には要らなくね？

こうご進言申し上げると、母は突然、怒鳴りだした。

「(嫁の）D美さんが病気でしょうが！　ホントにりんこは思いやりがない!!」

めまいがした。

確かにD美さんは病気なんだが、D美さんは母の弟の嫁（80歳）なのだ。

兄の嫁は全く違う名前で、もちろん元気である。

もう認めざるを得ない……**この人はボケている！**

ナースが教えてくれた。

「そうそう、りんこさん、お母様の健康診断の結果が出たのをお渡しするのを失念していました。お母様、よかったですね。(内臓系は）どこも悪くないですよ」

母はP9でも述べたように、「進行性核上性麻痺」という国指定の難病持ちではあるが、自力歩行ができず、顔からガラス窓に突っ込んでいくような症状があるだけで、内臓諸器官は健康体そのものだった。それでも第1ラウンドとも呼べるこの10年余り、支える方の身内（姉と私）はかなりきつかった。

これからは、そこにボケとの闘いも加わる……。

長い第2ラウンドの幕が切って落とされたのだ。

TORII 26 RINKO

ボケ行く母と止められない私

壊れ行く人を私はどうやって看ていけばいいのだろう

時々、母のところに私のきょうだい（つまり姉か兄）が現れることがある。

その時に母は「客人」に「おもてなし」をしようと考え、私に現金を持ってくるように命じる（ちなみに私は「客人」には入らないので、母の脳内では「おもてなし」をする側の人間としてカウントされている）。

子どもたちはその費用を自分たちが出すことは可能ではあるのだが、未だに「采配を振るう女王様」という地位を明け渡したくない母は、**頑なに自身のお金での「おもてなし」にこだわるのだ。**

仕方なく、私は一旦母の通帳を持って銀行に出向き、きょうだい「おもてなし」用の現金を母に手渡すために、わが家から車で片道30分のホームへ行く羽目に陥る。

何故きょうだいが来るだけで、きょうだいを「おもてなし」しなければならないのか？

この疑問は膨らむ一方になり、私は更に疲れていく。

これに、母の知人が来るなんてことが加わると、母からは問答無用の**「最上級のおもてなし**

命令」が出される。

客人と母を近隣のレストランなり観光地なりに、お車でお連れ申し上げなければならないシステムになっているのだ。

他人様がいらしているのに「やらないよ！」って選択肢は残っていないので、仕方なく丸一日を潰してお付き合いするわけだが、せめて「きょうだいへのおもてなし」はもう止めてくれ！　と私は怒り心頭だった。

まあ、誰しもがそんなに来るわけではないのだが、来ないと来ないできょうだいに対しては逆にムカつくものだ。

一度、私はブチ切れて、**「刺激を与えるために、少しはホームに来て母を外に連れ出せ！」**ときょうだいに命令したことがあった。

それで、早速、姉が援軍で来てくれることとなった。

母の現金を調達して私が当日に持って行くのは面倒なので、事前に姉と話して、母の財布の中に私がいくらかお金を入れておくことにしたのだ。

姉はその中から母が求めたブラウスや化粧品などを購入し、財布には2万8千円が残った。

それから1週間ほど経って、

「お盆も近いし、もしかして急に誰かが来た場合、残金がなくなっていると困るから、いくらか補てんしておくか……」

こう軽い気持ちで母のお財布を覗いた私だが、思い切りのけぞってしまった。

千円札が8枚しかない！

つまり2万円がなくなっている！

「年寄りだと思って、枚数があれば盗られても分かんないと思ったな！　どーせ盗るなら全額いけよ！　卑劣なヤツめ!!」

と怒りの私。

ホーム内にとんでもない不届き者がいるに相違ない！

そう思った私はいろいろ考えた挙句、やはりホームに相談することにした。

そして、お決まりの大騒ぎ。非常事態宣言のホーム側は大わらわだ。

しかし、結論を先に言えば**犯人は母だった。**

警察を呼ぶ前に、家探《やさが》しをしようということになり、母の荷物をひとつずつチェックしていったのだが、その時に、普段は使っていない未使用新品のバッグの中から裸の2万円が出てきたのだ。

ひょっとしたら、「お盆あたりに出かけたいなぁ」と思った母が、ショッピングに出かけるためのバッグを選び、お財布を移そうと思ったもののバッグが小さすぎたので、財布を諦め、2万円だけを裸で入れ、入れたことを失念……ということだったのかもしれない。

しかし母は、「絶対に2万円をバッグに入れてはいない!」と主張する。

そのバッグの中から、2万円とは別にデパートの商品券も出てきた。

この商品券に関しては母にも記憶があったみたいで、「そうよ、デパートに行くことがあるかと思って、家から持って来たの」とホーム長に言ったそうだ。

ただ、ホーム周辺にデパートはない。いつかデパートのある県庁所在地まで出かけて、自分で使おうと思ったのかどうかは謎だ。

また、「実家の鍵」と思われるものも一緒に出てきたらしい。

自分の家に帰ろうと思っていたのだろうか、鍵を隠し持っていることは知らなかった。

状況証拠から、ホーム側も私も「母が2万円を移し、そのまま忘れてしまった」と結論づけたが、ご本人さまは未だに「不届き者がいて、自分の犯行がバレそうになったため、部屋に現金を戻した」説を強硬に推している。

「お母様は認知が相当進んでいますね。私たちも個別には気付いていながら、情報交換を全員にするということを怠っていました。今回のことは逆に分かってよかったです」

とのホームスタッフの言葉は、私の胸に深く突き刺さった。

ボケと正気の間を漂う母は、その狭間で一瞬、固まることがある。

会話の途中で「え? まさか、私、今、ボケちゃった?」って時に恐怖で引きつる顔をして、すぐさまそれを隠そうと、**「自分が正常であることをアピールする言動」が頻繁に見られるのだ。**

母自身が恐怖の中にいるんだということが見えてくる。

私は徐々に人間の体《てい》をなさなくなっていく実の親を傍で見ていなければならないわけで、できれば、母はどこか遠くで今までどおり元気でいて、ある日突然、訃報が入り、親不孝を嘆いて泣く構図が良かったなぁ……って思ったりしている。

先日もホームから帰るや否や、私の携帯が鳴り、

「りんご、ここに置いてある、このプレゼント用に見える包みは私へのお土産？」

と母が聞いてくる。

それは母へのお土産ではなく、

「これは赤ちゃんが生まれた職員さんと結婚された職員さんへのプレゼントだけど、今日はその方たちがいないし、明日、私と一緒に渡しましょうね」

とほんの30分前に、母に言い聞かせながら置いた包みだったのだ。

壊れ行く人を私はどうやって看ていけばいいのだろう。

ホーム長に訴える。

「最近、小ボケが大ボケになっていますよね？　認知症を遅らせる薬があるって聞いたんです

が、飲ませてみたらどうなんでしょう」

ホーム長は豪快に笑いながら、こう言った。

「もう手遅れよ！ そんなの飲んでも、止まらない。でもね、りんこさん。**ボケは本人のためには良いことなのよ。**今のお母さんには恐怖感の方が強いかもしれないけど、段々とその「恐怖」も分からなくなって、都合の悪いことはみんな忘れてしまう。それはある意味、神様から贈られた（安らかな時間の）プレゼントかもね。みんな行く道、一緒よ」

私は姑から**「子ども叱るな、来た道。年寄り笑うな、行く道」**という言葉をご唱和させられることがあったが「年寄り笑うな」という心境にはなれない。

ただただ、悲しい……。

母が落ち着いている時に聞いてみる。

「（ボケていくのは）怖い？」

母は静かにこう答えた。

「怖いわよ……」

「……そっか」

そして、こう続けた。

「でも大丈夫だよ。お母さんには子どもたちがいるじゃない！」

気休めにしかならない言葉が、虚しく宙を彷徨《さまよ》っていた。

27

親がボケたら定期預金は引き出せない（その1）

成年後見制度？　そんな面倒なものは絶対に利用したくない

人が亡くなるとその人の銀行口座などの財産は凍結され、いくら「葬式代だ！」と騒ごうとも、おいそれとは引き出せないという事実はニッポンの常識！

このことは見積もり甘しの私でも、うっすらと理解している。

ちなみに戒名料（大抵の場合、領収書は出ないそうで揉め事につながるらしい）も含む「葬式代」は喪主が立て替えることが多いとは思うが、それが相続財産から精算できるかどうかは円満な遺産協議にかかっている。

相続人全員の合意がない限りは、葬儀費用といえども相続財産を勝手に使うことは許されないのだ。

しかし、そんなことは「死んだ後」のお話。

「目の前で生きている人間の金なら〝当人の金〟なんだから、どうにでもなるんじゃね？　アタシがひとっ走り銀行に行って、親の金を引き出してくるわ！」

こんなふうにお気楽に考えていたのである。

しかし、介護で苦労続きの知人のこんなひと言に衝撃を受けた。

「アタシさ、親が認知症になったら親の定期預金を引き出せないって知らなかったんだよ」

えー⁉　ボケたら、定期預金も凍結されるんかいっ？　そんなこと知らんがな！

なんでも、認知症になると正常な判断ができなくなるということで、財産はすべて凍結されてしまうらしい。つまり、**親が認知症になってしまったら、「親名義の貯金を引き出すこと」や「親名義の不動産を売ること」はできなくなってしまうのだ。**

P90でも述べたように、母が父から相続したセカンドハウスは、母がボケる前になんとか売ることができたから良かったものの、その代金は、母が入院した時のための予備費用として、即時に母名義の定期預金に入れている。それなのに、その定期預金が凍結されてしまい、お金を引き出すことができなくなってしまったら……。

肝心の母はというと、昨夜はとうとう「姉の夫」と「ウチのダンナ」との相関図が、グチャグチャになってしまっていた。母の頭の中では、「姉の夫」である義理の兄は「ウチのダンナ」の弟になっていたのだ。

もはや一刻の猶予もない！　猛烈に焦った私は、実の兄に相談すべく連絡した。

すると、兄は私以上にお気楽にこう答えた。

「あっはっはー。年取ってるんだから、勘違いもするよ。まあ、どうしようもなくなったら、

成年後見制度《せいねんこうけん》を利用して、りんこが母さんの後見人になって管理すればいいじゃないか」

成年後見制度？　後見人？　なんだそりゃ。

しかし、この人はどうしてこういつも人任せばかりなのだろう。自分で何とかしようという気はないのだろうか。思わず「おまえがやれ！」と電話口で怒鳴りそうになったものの、母の定期預金を引き出せなくなるのは、予算担当者からしてみると、どう考えてもマズイ。

仕方なく、私は兄から聞いた成年後見制度についていろいろと調べてみることにした。

成年後見制度とは、簡単に言うと認知症などで判断能力がなくなった人に対し、子どもなどの親族、または弁護士や司法書士などの第三者が「後見人」となって、財産管理をすることができる制度だ。その「後見人」は、

①被後見人がボケてしまう前に、将来に備えて被後見人自身が後見人を選ぶ**「任意後見」**

②被後見人がボケてしまった後に、家庭裁判所が後見人を選ぶ**「法定後見」**

という2つに大別され、②の「法定後見」が成年後見制度の大半を占めている。

しかし、一口に「親族が後見人になる」と言っても、家庭裁判所に出す書類ひとつ取ってみても膨大で、かなり大変なのだ。

例えば、私が母の後見人になることを希望する場合には、以下の書類が必要になる。

・申立書

・中立事情説明書
・親族関係図
・親族同意書
・医者の診断書
・財産目録・資料
・収支状況報告書・資料
・本人と親族一同の戸籍謄本
・本人と親族の住民票
・(後見人に) 登記されていない旨の証明書

これらをすべて揃えた上で、7千円弱ほどの収入印紙やら切手やらを用意して、裁判所のお沙汰を待つ。つまり、希望しても裁判所に認められなければ後見人になれないのだ(*)。

また裁判所によって、本人の判断能力を判定する「鑑定」が必要とされた場合には、別途5万円ほどかかる(「鑑定」は医師が行う)。

これらを司法書士などのプロにやってもらうとすれば、代行料は10万円くらいかかる。

「親の財産を他人に任せたくない」という理由で、子ども自らが親の後見人になることを検討する人は多いが、**実際に親の後見人になったらなったで、これがまた大変なのだ。**

「成年後見制度」というものは便利そうに見えるが、それはあくまでも財産を管理できなくな

(*) 後見人は家庭裁判所が決めるので、親族がなれるとは限らない。専門職後見人(弁護士や司法書士など)が選定された場合は、後見人への報酬として月々の支払いが別途必要になる(相場は月額2~6万円)。

った人の財産を「絶対に守り抜く」という制度である。

つまり、ご本人さまのための必要最低限の生活費は出すが、それ以外のことに手を出そうものなら、逐一、裁判所さまのご了解を得なければならないシステムなのだ。

「孫に小遣いを渡したい」

「外食に連れてってくれた家族にご馳走してあげたい」

こんなことも基本的にはできない（お上のご了承を得ればOKのこともなくはない）。

何故なら、**これらの行為は「ご家族さまが良い思いをする」ためのもので、「ご本人さまの財産を守る」ものではないからだ。**

更に地獄は待つ。

成年後見制度は公的なものなので、**必ず年に1回、裁判所に「後見事務に関する報告書」を提出しなければならないのだ**（書式の一部と記載例は左ページ参照）。

これがメチャ細かくて大変！

自分の家の家計簿すら3日と続けられず、母宛てに届く毎月の膨大な書類の山をファイルする作業（ファイルは財産系、施設系、医療系の3冊に分けているが、それぞれが半端ない量だ）だけでも辟易している身に、更なる負担。

今ですら、自分の生活をかなり潰している面があるというのに、こんな面倒な作業に追われて、これ以上貴重な時間を失いたくない。

「後見事務に関する報告書（一部）」の記載例

(1) 前回の定期報告以降，定期的な収入（年金，賃貸している不動産の賃料など）に変化はありましたか。

□ 変わらない　■ 変わった

（「変わった」と答えた場合）いつから，どのような定期的な収入が，どのような理由により，1か月当たりいくらからいくらに変わりましたか。以下にお書きください。また，額が変わったことが確認できる資料をこの報告書と共に提出してください。

変わった時期	変わった収入の種類	変わる前の額（1か月分/円）	変わった後の額（1か月分/円）	変わった理由	額が変わったことの分かる資料
29年　10月	厚生年金	5万円	6万円	年金改定	年金額改定通知書
年　月					
年　月					

※年金など2か月に1回支払われるものについても，1か月あたりの金額を記載してください。

(2) 前回の定期報告以降，1回につき10万円を超える臨時の収入（保険金，不動産売却，株式売却など）がありましたか。

□ ない　■ ある

（「ある」と答えた場合）いつ，どのような理由により，どのような臨時収入が，いくら入金されましたか。以下にお書きください。また，臨時収入があったことが確認できる資料をこの報告書と共に提出してください。

収入があった日	臨時収入の種類	収入額（円）	収入があった理由	収入の裏付資料
29・6・12	不動産売却代金	275万円	□□市所在の山林持分を売却した。	売買契約書
・　・				
・　・				
・　・				

(3) 前回の定期報告以降，本人が得た金銭は，全額，今回コピーを提出した通帳に入金されていますか。

■ はい　□ いいえ

（「いいえ」と答えた場合）入金されていないお金はいくらで，現在どのように管理していますか。また，入金されていないのはなぜですか。以下にお書きください。

(4) 前回の定期報告以降，定期的な支出（生活費，入院費，住居費，施設費など）に変化はありましたか。

□ 変わらない　■ 変わった

（「変わった」と答えた場合）いつから，どのような定期的な支出が，どのような理由により，1か月当たりいくらからいくらに変わりましたか。以下にお書きください。また，額が変わったことが確認できる資料をこの報告書と共に提出してください。

変わった時期	変わった支出の種類	変わる前の額（1か月分/円）	変わった後の額（1か月分/円）	変わった理由	額が変わったことの分かる資料
29年　9月	施設費	なし（0円）	12万円	施設入所	入所契約書，領収書
29年　9月	生活費	3万円	1万円	施設入所	領収書
29年　3月	住宅ローン	11万円	なし（0円）	完済	通知書

(5) 前回の定期報告以降，1回につき10万円を超える臨時の支出（医療費，修繕費，自動車購入，冠婚葬祭など）がありましたか。

□ ない　■ ある

（「ある」と答えた場合）いつ，どのような理由により，どのような臨時支出が，いくら出金されましたか。以下にお書きください。また，臨時支出があったことが確認できる資料をこの報告書と共に提出してください。

支出のあった日	臨時支出の種類	支出額（円）	支出があった理由	支出の裏付資料
29・7・21	医療費	50万円	胃の手術費用	領収書
29・9・11	施設入所一時金	300万円	有料老人ホーム入所	領収書
・　・				
・　・				

（*）これ以外にも「財産目録」「収支予定表」などの提出が必要になる。

参考：千葉地方裁判所・千葉家庭裁判所ホームページ

また調べていくうちに、このような厳しい制約を受けることなく、もっと自由に親の財産を管理できる**「家族信託」**という制度もあることが分かったのだが、残念ながら「家族信託」は**親がボケてしまうと利用することができない**のだ（「家族信託」の詳細についてはP157参照）。

「これは、母が動けるうちに、すべての定期預金を普通預金に替えるしかない!!」

私はそう固く心に誓った。

定期預金は「本人」または「本人の委任状を持った代理人」でないと引き出すことができないが、普通預金であればキャッシュカードで対応できる。だから、今のうちに普通預金に預け替えておくのだ（ただし、P128で述べたように暗証番号が正しいかどうかの事前チェックはしておくべき）。

「お母さんの定期預金をお母さんの普通預金に移すだけ」

「私がお母さんの預金を横領するためにやる手続きじゃない」

母にはこう何度も説明した。

母も納得してはいるようなのだが、銀行で変なことを言い出されたら一巻の終わりになってしまう。

そして、準備がすべて整ったある日、すべての定期預金を普通預金に変えるべく、母を連れて銀行巡りを決行した。

銀行が「晴れの日に傘を貸して、雨の日に傘を返せと言う」とはよく聞く話だが、母の定期預金を同じ銀行の普通預金のあらかじめある口座に移すだけという、現ナマが飛び交うわけもない作業が全く進まない。

母子関係を証明する書類もあり（わざわざこのために戸籍謄本を用意した）、身分証明書もある。銀行員のおじさんも「分かります。私も今、同じ立場です」と言ってくれているのに、それでものすごく時間がかかるのだ。

銀行は執拗《しつよう》に母に話しかけてくるが、珍しく今日は母の調子がいい。

頑張れ母！　と祈り続ける私。そして、銀行がいよいよ本丸を突いてきた。

「それではお母様、生年月日を教えていただけますか？」

おーほほほ！　悪いけど、これは母にとっては得意中の得意ですの。何故なら、**母の誕生日はぞろ目。**どう転んでも間違えようがないですわ！（大笑）

母は言った。得意気に言い切った。

「昭和4年9月3日！」

はいー？

ここで、この肝心要の、己の未来が決まるここで、その数字を出すか⁉

婆さん、それはアンタの大嫌いな夫の誕生日で、オメーのじゃねー‼

嗚呼、もう終わった……。

TORII 28 RINKO

親がボケたら定期預金は引き出せない（その2）

ささやき女将と二人羽織作戦で勝利をもぎ取れ！

母が口走った思わぬ数字に仰天しながらも、私は必死で取り繕う。

これで定期預金がキャッシュカード付きの普通預金に移行できなかったら、将来的にはホームを退去しなければならなくなるかもしれない。

そしたら、問答無用で「この難しい母との同居」→「24時間奴隷生活」……冗談だろう⁉

私は笑顔全開、しかし目は全く笑っていない状態で母に向き直る。

「いやだ、もう～。お母さんったら、また冗談ばっか言って～！」

すると銀行員のおじさんがこう言ったのだ。

「え？　なんですって？　すみません、ちょっとお母様のお言葉が、よく聞き取れなかったんですが……」

ひゃー！　ラッキー‼（喜）

母の国指定の難病発病以来、辛い毎日の繰り返しだったが、初めてこの病が役に立つ時がこようとは……（涙）。

この病の特徴らしいが、声が異様に小さくなるのだ。

私は慣れているので聞き取れるのだが、初めて会う人で、しかもカウンターを挟んでの対面となると、かなり聞こえづらいのだろう。


実はこういうこともあろうかと、**私はカンペを用意していたのだ!!**

すばやく膝の上でそのカンペを母に見せる。

そこには母のお誕生日の数字が書いてある!

「誕生日、教えて欲しいんだって。発表してあげなさいよ!」

と、ささやき女将りんこ。

母はとても満足げに、そのぞろ目数字を少し大きな声で読み上げた。

銀行員のおじさんはようやく書類作りに着手することを決めたらしく、数種類の用紙を置いて、母に書くように指示を出す。


最大の難関、キター!!


母がまともに文字を書くことができるのは、よほど調子がいい時だけに限られてしまうのだが、ここでひるんではならない。

折れそうになる心をなんとか奮い立たせ、私は銀行員のおじさんにこう言った。

「母は書けるのですが、あまりに筆圧が弱くて複写はちょっと……。マジックでもよろしければ大丈夫かと思いますが、**ボールペンでしたら、私が少し介添えしても構いませんか？**　それに母は片目を失明しておりますので、真っすぐに書くのは苦手なんです」

銀行員のおじさんは、

「あ、そうですか。それはご不自由でお辛いでしょう。よろしいですよ、お嬢さんが少し手伝って差し上げてください。それでは、ここに現在のご住所をお書きください」

と笑顔で返してくれた。

現在の住所か……。レベルの高い要求をしてきやがったな。

しかし、私は密かにほくそ笑む。

こういうこともあろうかと、**私はこのためのカンペも用意していたのだ！**

私はもう堂々とそのカンペをカウンターの上に置いて、こう言った。

「母は最近、老人ホームに入ったもので、ホームの住所は私でもそらんじておりませんの。**おーほほほ！**」

そして、母の手の甲に自分の右手を添えて、誘導しながら書き出した。

題しまして**「ＴＨＥ　二人羽織作戦！」**

よし、住所はできた！

後は自分の名前を書くだけ。

さあ母よ、あなたが80年以上もの間、書き馴染んできた自分の名前を書いてくれ！

名前を書けば、それですべてが終わるのだ！

さぁ、書いて‼

すると母がこう言った。

「なんだったかしら……」

説明しよう。

さすがに自分の名前は分かるのだ。

ただ旧字体で登録しているがため、やたら画数が多くなり、母は正確に書けるかを躊躇しているのだ（私は将来の自分のためにも旧字体、反対論者である）。

そこで、最後のカンペを登場させた。

私は**超拡大ゴシック文字で印刷した漢字**を一字ずつ母の目の前に置き、こう言ったのだ。

「このお手本を見ながら書いて、皆さんに達筆をご披露してあげてよ。お母さんの字は綺麗だもん！」（↑母の字が綺麗なのは本当）

母はまんざらでもない様子で、習字の授業を受けているかのように真剣に書き上げた。

よっしゃ！　大成功だ‼

無事に定期預金が全額、普通預金の口座に移動した。

頑張りました、母！

頑張りました、私‼

◉子どもが後見人に選ばれた場合の注意点

①子どもでも親の財産を自由にはできない

親の財産なのだから、子どもがある程度は自由に管理できると思っている人もいるかもしれませんが、後見人は被後見人の財産を不当に減らすことはできないため、たとえ子どもであっても、親の財産には簡単に手を出すことができません。例えば、相続税対策で子や孫に生前贈与することは、親の財産を減らすことになるため認められません。

また、株や不動産投資など、例えそれらの行為が明らかに被後見人の利益になると思われても、財産を減らすリスクがある以上は、一切認められないのです。

②後見人としての事務作業が大変

後見人は年に１回、家庭裁判所に「後見事務に関する報告書」を提出する必要があります。親の財産から支払ったものは、すべて１円単位で記録に残し、領収書もすべて保管しなければならないため、専門知識のない人にとってはかなりの負担となります。

③一度、後見人になるとやめることが難しくなる

後見人の業務は、本人の判断能力が回復しない限り続けることが義務付けられているため、簡単に後見人をやめることはできません（ただし、正当な理由があれば、家庭裁判所の許可を得てやめることは可能です）。

◉第三者が後見人に選ばれた場合の注意点

後見人を専門家に任せたからといって、実は必ずしも安心というわけではありません。裁判所の調査によれば、「弁護士や司法書士といった専門職の後見人が横領などを行った件数」は平成27年では37件となっており、**過去５年間の中で最悪の件数**でした。任せっぱなしは要注意です。

また、被後見人が亡くなるまで、後見人への報酬（月額２～６万円が相場）を払い続けなければなりません。

成年後見制度DATA（平成27年）

制度利用の動機では**「預貯金等の管理・解約」が２万8874件**で圧倒的に多い。また、後見人として**最も多かったのは「司法書士」で9442人**。次いで**「弁護士」の8000人、「子ども」の5515人**。親族は全体の約３割で、残りの約７割は親族以外の第三者が占めた。

知らなきゃ損する!

成年後見制度に関する基礎知識

親が認知症になったら財産は凍結！財産を動かせるのは「成年後見制度」の利用のみ

親が認知症になったら親の財産は凍結され、預貯金の引き出しはもちろん、不動産の売却もできなくなります。そして、**認知症となった親の財産を動かすには、「成年後見制度」を利用するしか方法がありません。**このページでは、累計で19万人以上が利用しているこの「成年後見制度」について、より詳しく紹介していきます。

◉成年後見制度には２つの種類がある

1 法定後見

本人の判断能力が衰えた後に適用される制度

配偶者、子どもら「四親等内の親族」、市町村長等の申立権者が、家庭裁判所に成年後見の申立てを行い、家庭裁判所が適任と思われる後見人を選任する。本人の判断能力の程度によって、「後見」「保佐」「補助」の３つに分かれる。

- **「後見」**判断能力が欠けているのが通常の状態である人を対象**（重度）**
- **「保佐」**判断能力が著しく不十分な人を対象**（中度）**
- **「補助」**判断能力が不十分な人を対象**（軽度）**

2 任意後見

本人の判断能力が衰える前に適用される制度

本人の判断能力が不十分になった時に備えて、判断能力が不十分になる前の本人の意思により、誰を後見人にするか決めることができる。

『受託者の自由度が高いため、受託者に悪用される』

『兄弟のうちのひとりが親と勝手に信託契約を結び、他の兄弟と揉める』

などのトラブルも起きています。このようなトラブルを避けるためにも、家族信託の契約を結ぶ際には次の３つがポイントになります。

①家族全員で情報を共有する
②信託監督人をつける
③信託契約書は公文書である「公正証書」にする

家族信託の仕組み

親と子どもが家族信託契約をした場合のイメージ

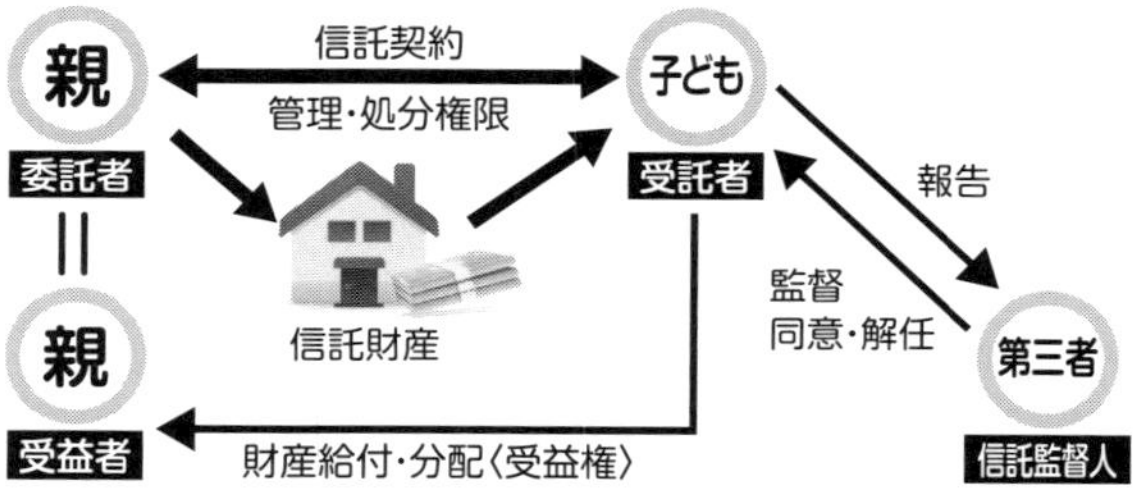

親が元気なうちに、**親を「委託者」であり「受益者」、子どもを「受託者」とする信託契約**を結んでおけば、仮に親が認知症になっても、子どもが信託財産から親の生活費や療養費を支払うことができます。また、資産をリスクのある高利回り商品で運用したり、相続税の節税や納税資金を確保するために不動産を処分することなどもできます。

親の財産管理ができる制度の比較

制　度	利用可能な時期	親の財産管理に関して
家族信託	認知症発症前のみ利用できる	受託者は信託財産を自由に管理、運用、処分できる。
任意後見	認知症発症前のみ利用できる	後見人に与える権限の範囲を、契約時に決めることができる。
法定後見	認知症発症後に利用できる	原則として、後見人は財産の維持しかできず、積極的な運用は不可。

知らなきゃ損する!

家族信託 に関する 基礎知識

「成年後見制度」は財産管理の自由度は低いが「家族信託」なら親の財産を柔軟に管理できる！

前ページでも述べたように、成年後見制度においては、例え子どもであっても親の財産を柔軟に管理することが難しいのが実情です。

そこで近年注目されているのが、**「家族信託（または家族間信託）」**という制度です。ここではその制度について紹介します。

◉家族信託とは

「家族信託（または家族間信託）」とは、親（委託者）が自分の財産の管理を、子どもなどの家族（受託者）に任せることをいいます。

成年後見制度との違いは、親の資産の「組み換え」や「運用ができる」など、**財産管理の自由度が高いという点**です。そして、裁判所に対する財産管理の報告義務もありません。ただ、信託契約を結ぶと、原則として登記・登録すべき親（委託者）の財産は、受託者（子ども）名義に変更しなければなりませんので、親のなかには抵抗のある人もいると思います。

受託者だけに任せるのが不安な場合は、**「信託監督人」**という第三者をおき、受託者の監督をしてもらうことも可能です。信託監督人は、親族にするケースもあれば（例えば、受託者が兄で信託監督人が妹など）、司法書士などの専門家にお願いするケースもあります。

家族信託の契約は、親に正常な判断能力があるうちに行う必要がありますので、**親が認知症になってしまった後では家族信託を使うことはできません。**

◉制度上まだ不備な点もある

家族信託がやりやすくなったのは、平成19年に新信託法が施行されてからなので、まだその歴史は浅く税務上や法律上不明確な点もあり、

TORII 29 RINKO

味を占めて証券会社にも連絡してみた

高齢者の財産を動かそうとしたら、実子でも強固なセキュリティがかかる

結局、銀行でのすべての手続きが終わるのに3時間もかかったのだが、もしこの手続きを「母が口座を開設した支店」で行っていたならば、もう少し時間が短縮できたのではないかと思っている。

「母が口座を開設した支店」はホームから車で1時間半もかかるため、母の体調を考慮しホームから最寄りの支店を選んだのだが、どうやらその支店から「母が口座を開設した支店」への確認承認に手間取っていた節があるのだ。

金融機関で何かをしようとする場合、**その口座を開設した支店で行うということは鉄則なのかもしれない。**

今回の件で味を占めた私は、次に「**母が小株主になっている株を売り払って現金化してやる!**」との企みを実行すべく、証券会社にコンタクトを取った。

ホーム最寄りの証券会社の支店に連絡をしてみたのだが、やはり、

「お母様ご自身が口座を開設された支店に行かれて、手続きをなさるのが一番、早いです」

と言われる。

しかし、母が口座開設した支店は既に閉店となっていて、管轄は別の大きな支店に移管されている。その支店はホームからはかなり遠く、とても母をそこまでは連れていけないのだ。

その旨を伝えると、証券会社の窓口レディは申し訳なさそうにこう言った。

「やはりご高齢ですといろいろと制約がございまして……。担当支店の者が役席と同行し、お母様の施設に参りまして、お手続きをすることも可能と言えば可能ですが、お時間をいただくようになります」

う〜ん、それってかなり時間がかかりそうだ。

と聞いてみる。

「あのー、株の売買って電話でもできたように思うのですが?」

「お母様ご自身のお電話でのお取引ということもできますが、それには役席が少しお母様とお話をさせていただく必要がございます」

「お話の結果、売り買いをしようということになりましたら、売買当日よりも前にご確認のお電話をいたします。そして売買当日の朝にもう一度、ご連絡申し上げます。更に、売買成立後にご確認の連絡をさせていただくことになっております」

「当社では80歳以上のお客様には、このような段階を踏ませていただいている次第です」

出た！　ハードル高過ぎ！

そんなに何回も電話されても、母が上手に応対できないことは、火を見るよりも明らかだった。

X銀行の罠（P８参照）にまんまと引っかかった母であるが、母と同じような高齢者が世の中にわんさかいるに違いない。

「リスク商品に騙された」と訴える家族からの苦情、斡旋、訴訟は増加傾向にあり、２０１３年12月16日に日本証券業協会が、高齢者にリスク商品を勧誘によって販売する際の「自主規制規則およびガイドライン」を施行した（２０１４年３月16日から完全施行）。

しかし、**家族が本人のためを思って資産をどうにかしようとしても、今度は逆にハードルが上がりすぎてしまったのである。**

高齢者の財産を他人が動かそうとした場合、例え実子であったとしても、強固なセキュリティがかかってしまうのだ。

「確かに親の財産は保護されるのかもしれないけど、これじゃ親のために親のお金を使うことができないじゃん。本当にまったく（怒）」とお冠な私だ。

結果、どうせ端株《はかぶ》の小株主。

もうどうでもいいや……。私は戦意を喪失した。

りんこの ワンポイントアドバイス❺

高齢者の財産を本人以外の人が動かすのは大変です！

認知症発症の有無に関わらず、高齢者の財産を他人が動かそうとしたら、例え実子であってもそう簡単にはいきません。詐欺などから高齢者の財産を守るべく、国が強固なセキュリティをかけているからなのですが、私も“母のために”と思ってやろうとしたことでも、その手続きのあまりの煩雑さに断念せざるをえないこともありました。

家族の未来のために今すぐ準備すべきことがあります！

ただその一方で、母が元気なうちから私がいろいろな準備をしておけば、トラブルが起きても比較的スムースに対処できることを学びました。例えば、『“親の突然の入院で急遽お金が必要！”などという突発的な事態に備え、親の「定期預金」を「普通預金」に預け替えておき、子どもがキャッシュカードでいつでも現金を下ろせるようにしておく』ことはそのひとつですよね。

ここでは、そのような**「親の具合が悪くなる前に最低限やっておきたいこと」**を紹介したいと思います。

こと チェックリスト

2. 親の資産内容を確認

□「住宅ローン」があるのか、ないのか

□「借入金（カードローンなど）」があるのか、ないのか

□「連帯保証人」になっているのか、いないのか

□「貸金庫」があるのか、ないのか
金融機関などと貸金庫を契約している可能性もあります。

□「定期預金」があるのか、ないのか
お金を引き出す際の利便性を考え、「定期預金」があればキャッシュカードでお金を引き出せる「普通預金」に預け替えましょう。定期預金は自動継続になっているケースが多いので要注意です。

□「子どもや孫名義の預金」があるのか、ないのか
子どもや孫名義の預金は、親が支払った場合は「親の財産」とみなされ、相続財産となります。

□「生命保険」があるのか、ないのか
生命保険は受取人固有の財産になるので、その保険の受取人が誰になっているのかを確認しましょう。

□「金（ゴールド）」があるのか、ないのか

□「ゴルフ会員権」「リゾート会員権」などがあるのか、ないのか

□「宝石」「美術品」「自動車」などがあるのか、ないのか

□「山林」「田畑」などがあるのか、ないのか

□「証券会社との付き合い」があるのか、ないのか
株式、国債、投資信託などを運用しているのかを確認しましょう。

親の具合が悪くなる前に最低限やっておきたい

1. 親の資産関連書類などの有無を確認

□ 不動産関連書類（権利書や契約書など。山林・田畑も含める）

□ 有価証券（株式・債券・手形・小切手）

□ 鑑定書（宝石、美術品、ブランド品など）

□ 保険証券

□ 預金通帳（休眠口座も含めたすべての預金通帳。できれば休眠口座は解約すべし）

□ 預金通帳に対応した「届出印」

□ 預金通帳に対応した「キャッシュカード」

□ キャッシュカードに対応した「暗証番号」

□ 実印・印鑑登録カード（印鑑登録証）

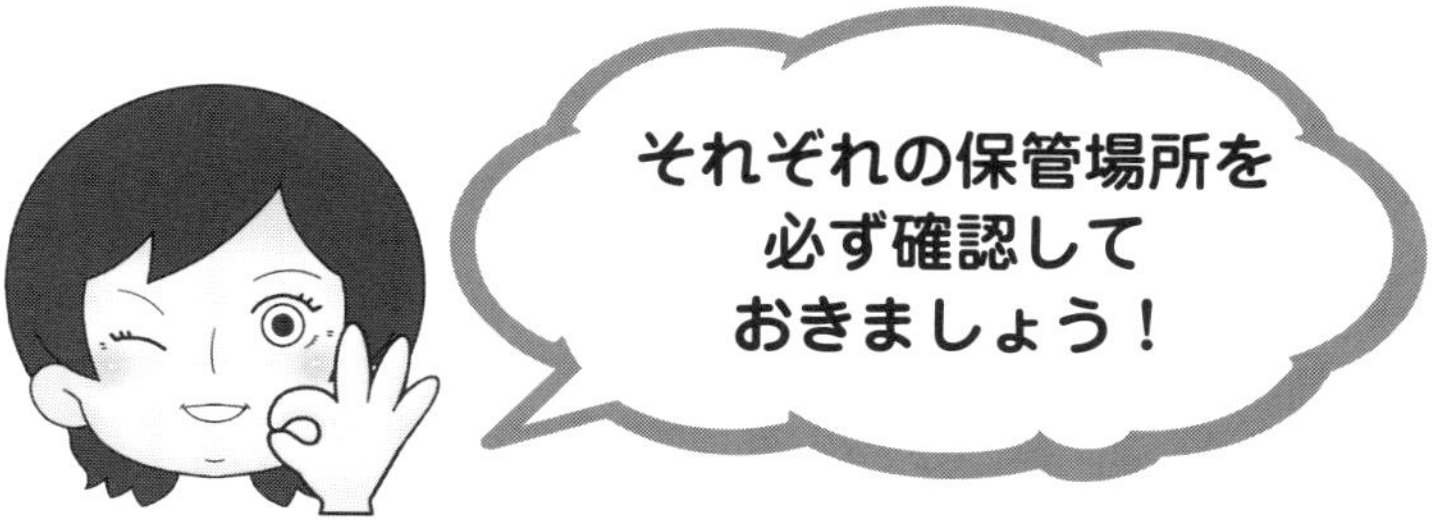
それぞれの保管場所を
必ず確認して
おきましょう！

りんこの4コマ劇場7

七夕の願い

エピローグ

母の緊急入院編

夜中に母が緊急搬送！
１ヵ月後に退院したら
母の認知症は悪化していた。

TORII 30 RINKO

救急救命センターの夜は明けて

母が絞扼性イレウスで緊急入院！　でもイレウスって何？

「どうも、（私が）第一外科医です」

ここは基幹病院のＥＲ、すなわち救急救命センターである。

ベッドと呼ぶよりは戸板に近い台の上に寝かせられている母の体には、既にいろいろな管が繋がっている。

短い自己紹介を終えたドクター（推定年齢30代後半）は、複数の用紙を付添人である私の前に置いた後、早口でこう告げた。

「お母様は一刻の猶予もありません。至急、開腹手術をしないと命の保証はありません。とにかく、あなたは今から私の説明を聞きながら、手を動かし、この書類にサインをしていってください。**お母様は絞扼性《こうやくせい》イレウス**(*)**で急を要します。**お聞きになりたいこともあるかとは思いますが、とにかくサインが先です」

「え？　え？　え？　絞扼性イレウス？　何それ」と鳩豆鉄砲顔の私である。

「これ（ＣＴ画像）を見てください。これ、わかりますよね？　ここが捻じれている、あっ、

(*) 絞扼性《こうやくせい》イレウス：イレウスとは腸閉塞のこと。腸閉塞の中で血流障害を起こしたものを『絞扼性《こうやくせい》イレウス』と呼ぶが、これは早期に手術を行わないと死に至る。

君、（手術開始までの準備時間は）あとどれくらい？」

私への説明の途中で、第一外科医は小走りのナースにそう問いかけた。

「（患者の手術着への）着替えも入れると10分は……」

第一外科医が「待ったなし！」という感じで、こう言った。

「5分！　5分だ！」

そう言ったかと思ったら、第一外科医は私に向かってこう言い渡す。

「あなたはサイン！」

日付と患者名と保証人である私の名前を記入し「説明を聞いて納得した」というレ点を入れるところにチェックをし、更に病院用のほかに自宅用の控えを書く必要があるのだ。

書き終えるや否や、第一外科医がそれをひったくるようにして自分の名前を書き込み、それを持って走りながら処置室を出て行った。目の前には屍状の母。

え？　何？　お母さん、死ぬの？

そうこうしている内にカーテンが開いて、次の医者が現れた。

「どうも！　第二外科医です。ゆっくりと説明している暇はないので、この書類にサインをしながら私の話を聞いてください。お母様は腸がソーセージのように捻じれていて、かなり重篤な状態です。開腹しなければ間に合いませんが、手術をしたとしても助かるとは限りません。また助かったとしても、場合によっては人工肛門になるでしょう。さあ、わかったら、ここにサインを！」

え？　え？　お母さん、人工肛門になっちゃうの？　え？　え？

サインをしたと同時に、その用紙をひったくるようにして第二外科医が出て行った。

すると間髪入れず、次の医者がやって来た。

「どうも、第一麻酔科医です。麻酔の説明をしますが、あなたはとりあえずサインを優先してください。まず、麻酔には全身麻酔、部分麻酔があります。なるべく全身麻酔は避けたいというのが本音ではありますが、お母様の場合は選択肢がありません。全身麻酔になります。全身麻酔ということは手術が終わっても、目覚めないというリスクがあります。わかりましたね？

では、ここにサインを！」

え？　え？　お母さん、植物人間になっちゃうの？　え？　え？

名前を書くや否や、第一麻酔科医が書類をつかみ取って出て行った。

あ～、もう疲れた。手が限界！　と思った瞬間、カーテンが開いた。

「どうも、第二麻酔科医です」

またかいっ!!　何人、医者が出てきてサインさせれば気が済むんじゃいっ!!

「とりあえず、何でもいいから、サインしろよ！」感が満載の時を過ごした後、今度はＥＲ所属の20代ドクターがやってきた。

「手術のために管を通します!!」

ドクターがナースと共に悪戦苦闘しだした。管が全く入らないみたいで、苦しむ母。もう地獄絵図である。

管を入れ終わると、母はストレッチャーに乗せられて手術室へと運ばれていく。私は母の着替えが入った大きな袋を持ちながら、母の後を追う。

「付き添いの方はここまでです！」

足早なナースが乾いた声でそう言った。手術室と書かれた重い扉が自動で閉まって、母は向こうの世界に行き、私はこっちに取り残された。

昨晩、老人ホームで母の夕食に付き合った時には何の異変もなかったのだ。それなのに、丑三つ時にホームから突然電話がかかってきたのである。

「お母様が嘔吐を繰り返していますがどうしましょう？」

私はホームに飛んで行き、呼んでもらった救急車に同乗し、この病院に運んでもらい、**「絞扼性イレウスで緊急開腹手術！」**（↑今ここ）ってことになっているのだ。

わずか数時間の間に起きたこの惨事……。まるでドラマ制作の一場面に立ち会っているかのようで、全く実感は持てなかった。

TORII 31 RINKO

家族を分断する恐るべき「せん妄」

「せん妄」というのは自分が過去、何を大切に思っていたかが分かるらしい

母の手術は4時間ほどで終了したが、集中治療室からはなかなか出られず、全身麻酔からの目覚めは遅かった。

そして、ようやくお目覚めの時を迎えたわけだが、お約束の**「せん妄《もう》」状態となった。**

「せん妄」とは意識障害が起こり、頭が混乱した状態になっていることをいうのだが、母は覚醒と催眠のちょうど中間地点にご滞在のようで、傍に付き添っている者が何者なのか、またここがどこなのか、何故ここにいるのかは理解できていないようだった。

言葉が戻ってきたのは、それからしばらくしてからだ。ＩＣＵ（集中治療室）から一般病棟に移された後だったので、ＥＲにいた日から数えると3日後くらいになる。

母は酸素マスク越しにあれこれ言ってくるのだが、幻覚が見えるのか、こんなことを言う。

「鰯がこんなに沢山♥」

「鰹がいる♪」

と細い腕を宙に差し出し、片手で捕まえようとしている。

「そこの箱に最中が入っているから（食べなさい）」（箱なんかないっす）
「その戸棚の中におまんじゅうがあるはずだから取って（食べなさい）」（戸棚もないっす）
「冷蔵庫の中にジュースを入れたから（飲みなさい）」（冷蔵庫、空っぽ）
「さっき、アイスクリームも入れといたんだけど（食べなさい）」（同じく、空っぽ）
という食べ物シリーズが続き、
「そこのキラキラしているものは何？」（壁を指す）
「そこのガラスの瓶に挿してある七夕飾りを引き抜いて」（ガラス瓶などなく、そこは壁）
「宝石を持って来たの？　光っているけど、そこに置いたの？」（相変わらず、そこは壁）
というキラキラ系が続き、何もない空間に手を伸ばして、無言でしきりと何かを取ろうとしてみたりしている。
そうかと思ったら、布団を握りしめて、もみ洗いをする仕草を繰り返すので、何をしているのかと聞くと、
「こんなに汚れているから、洗っておかないと」
とお答えになる。
台布巾を拭いているような仕草をしているときに「テーブルを拭いている？」と聞くと、
「汚いから、ちゃんと拭かないと」
と宙を拭きだす。

私は感心しながら思った。
「食べ物→宝石→家事」ってことは、このおばあさん、意外と女子力高くね⁉
せん妄というのは自分が過去、何を大切に思っていたのかということが分かるっていう話を聞いたことがある。
ならば、私は壁に向かって
「やだ、福山雅治さん、そんなところに立ってないで、こちらにいらして♥」とか
「アテクシが産んだ菅田将暉がお見舞いに来てくれたの♪」とか
そういうイケメンシリーズの嘘八百を壁に向かって延々としゃべり続けること決定だ。
いやん、ならば、せん妄って相当、ナチュラルハイ状態。悪くないかも〜。
そう思いながらも母の観察を続けていた。

そんな中、病室にきょうだいが揃うことになった。

誰の家からも、駅からも、その病院は遠いため、姉に母をお任せして、最寄り駅まで兄を迎えに出た時、母は姉にこう言ったらしい。

「あなた、結婚はされてらっしゃるの？　そういえば、さっきここにいらしたあなたのお友だちがいないけど、どちらに行かれたのかしら？　お迎えに行っている？　あら、あなたのご主人をお迎えに行ったの？」

姉はご親切にしてくださる見知らぬおばさん。

そして日々のお世話係を拝命しておる介護のキーパーソンである私は、「見知らぬおばさん」の「お友だち」となった。

駅に着いた兄と病院に向かいがてら、私は兄に訴えた。

「おボケになってらっしゃるので、びっくりしないように！」

ところが、兄の顔を見た母は開口一番こう言ったのだ。

「修、来てくれたの？　車で来たの？　電車？　大変だったね～。仕事、忙しいんでしょ？

外国への出張にはいつ行くの？」

……すべて、そのとおりで会話は合っている。

明け方の緊急搬送時から救急車に同乗して、手術中は当然、術後も面会時間の14時～20時のすべてに付き添っている私に兄はこう言った。

「全然、普通じゃん。安心したよ。りんこ、考えすぎ！　じゃ、任せたから！　頼んだよ」

瞬間、頭の中が空っぽになったが、すぐにこう思った。

もう私は知らないおばさんの友人なんですから、相思相愛の人同士で暮らせばいいんじゃね？

仕事たまる、家事たまる、疲れたまる。**しかし、金だけたまらん。**

この矛盾、どこにぶつければ良かったんだろうか……。

頭の中で何かがプチっと弾けたような気がした。

TORII 32 RINKO

老人の入院生活における「いたちごっこ」

病院側は完全看護を標榜しているのではあるが……

母が全身麻酔からお目覚めになってからは、**「手にはミトン、腰にはベッドへの固定ベルト」**という入院生活が待っていた。これは、点滴やら酸素吸入マスクを無意識に外そうとする行為を恐れての措置である。

とにかく、この母は油断も隙もなく、管だらけのくせして、コード類を引きちぎろうとするわ（当然、警告音がする）、ベッドから降りようとするわで、事故を恐れる病院側によって**「ハイリスク認定」が下されたのだ。**

そして、今回はこれらに加えて、もうひとつ余計なものが加わってしまった。

『嚥下《えんげ》機能障害』。

つまり、飲み込みがうまくできないってことだ。

誤嚥性肺炎《ごえんせいはいえん》をしつこいほど心配する病院側によって（そりゃそうだ、死に直結しかねない）、

「ご家族様、お食事時にはご家族様が付き添っていただけると……」

という、もう厳命に近いありがたいお言葉を賜った。

食事もおもゆなんだが、「口に含む」→即「リバース!!」となる。

「アンタはオートリバース機能付きか？」と突っ込みたくなるというものだ。

母は水を飲むだけでも、誰かの監視下（つまり私）にいないといけないわけなのである。

「えー？　病院って完全看護じゃないの？」ってお思いの、そこのあなた！

確かに病院は完全看護なのだが、病院側の取り決め以上のことをお願いする場合には、「病院要請」が出されてしまうことが多いのだ。「病院要請」とはまあ要するに、**「目が離せない患者さんの面倒は、ご家族の皆さんでよろしく！」**ってことである。

病院要請が出て、家族が付き添えない場合はヘルパーさんなどを雇うってことになるんだろうが、そのヘルパー料金は実費。目玉が飛び出るくらいになると思われる。

例えば今回のウチの場合、「夜間はやむなし」ということで母の手足を縛るのだが、「できれば日中はやりたくない」という病院と私の意見が一致し、**「家族がいる間は拘束を解く」**という条件で対応してもらうことになった。

よって、「日中は面会終了時間の20時までは、私ができる限り母に付き添う」ってことになったわけだ。

そこで、私は当然の疑問を口にする。

「ご家族が来られない入院患者さんは、水が飲みたいなって時は看護師さんを呼んだら、飲ませてもらえるのですか？」

こうナースに聞いてみたのだ。

するとナースは次のように返事をしてくれた。

「病院側が提供する物についてのお手伝いはしますが、その他の物に関しては一切関与できかねます」

つまりだ。毎度の食事に付いてくるお茶は飲ませてあげることはするけれども、ペットボトルを買って来るとか、それを飲ませるとか、そういうことまでは手が回らない。

どうしても飲みたいのであれば、洗面所の水道水を自由に飲んでくださいってことである。

これは患者が動ければ問題ないのだが、身動きできない場合、水すらも自由にならず、「あ～、残念！」ってことを指すのである。

食事も同じで、母のいる病院はかなり大きいのでスタッフもたくさんいるが、それでも時間をかけて食べさせるという暇がなく（すぐに何かのコールで呼び出され、ナースはいなくなる）、誤嚥の危険が大きいと「できればご家族様が」っていう病院要請になる。

これらの理由で、**拘束をかけられたくない母のために、娘である私が拘束されるとい**うあべこべ事案発生！

どんな罰ゲームだよ……って展開になった。

それにしても、人間というものは学習をする生命体で、ウチの母も確実に進化を遂げる。すなわち、例えミトンの手であっても酸素マスクは外せるわ、指に付けている「血液中の酸素濃度を計測する医療機器」も片手で外す技を習得するわで、それも無意識でやってのけるのだから、この人の前世は手品師では？　との疑惑がくすぶり出した。

ちょっとでも目を離すと、「指から外れた」と機械がピーピーと警告音を出すので、それを慌ててはめ直す、すると今度は呼吸器が外れたらしくビービー鳴る。再び装着。

尿の管を引き抜くな！

点滴触るな！

病室内で忙しい「いたちごっこ」が繰り返されるのだ。

TORII 33 RINKO

退院狂騒曲（その1）

親の「ボケ認定」を他人から受けるのは辛いものだ

そして母は1ヵ月弱という入院生活を終え、退院することとなった。

長かった……。

日数以上に長く感じた。その理由ははっきりしている。退院が2回延びたからだ。2回とも原因は不明だが、退院日の朝になると母の検査値が悪化するのだ。

「これではとても帰せない」とドクターストップがかかる。即ちそれは、**私の勾留延長を意味していた。**

「え〜、まだ入院が続くんかいな！」とブチ切れるも、母の入院生活は母の身からすれば確かに不自由なことが多いので、見舞いに行かざるを得ない。

私にとっては「遠い、寒い、懐寂しい」の3重苦。

まあ、「これは死んじゃうかも」って程の開腹手術をした割には、母は順調に回復している。

しかし、体は回復しているはずなのに、**頭が順調にアレレ？　な状態になってきているのだ。**

入院中のある日、母がこんなことを言い出した。

「リハビリルームで会ったお婆さんに1000円借りたのよ。それで看護助手さんに頼んで、売店でサンドイッチとおにぎりを買って来てもらって、それを食べたの」と。

ものすごく詳細に、その様子を生き生きと語るのだ。しかも翌日も同じことを語り出す。

半信半疑ながらも、もし見知らぬお婆さんに借金をしていたとなると聞き捨てならない。母を連れて、ナースステーションに1000円を持って出かけてみた。

若いナースたちはただただ困惑するのみだったが、師長が駆け付けてきて母にこう言った。

「静子さん、そのお金を貸してくださった方は貸したのではなく、きっとプレゼントしてくれたのよ。静子さんもお金を貸してくれたお礼にみかんをあげたって言ってたじゃない？　その方はみかんと交換のつもりだったんじゃないかしら。もし1000円を貸していたら、返ってこないって私たちにも連絡があるだろうし。もう今はおやすみになってらっしゃる時間だろうから、明日、私がその方に聞いてみるわね」

母は少し納得がいかないようだったが「貸したんじゃなく、くださったのよ」という師長の力強い言葉に「そうだったのね。じゃあ、いいわね」と安心したような顔をした。

みかんが1000円に化けるって、どんなわらしべ長者だよ！

心の中で母に突っ込んでみたが、ナースステーションの空気は**「お母様は完全にイカレてらっしゃる」**的なものであったので、私は人知れず凹んでいた。分かってはいても、親の「ボケ認定」を他人から受けるのは辛いものだ。

そして、ついに退院の日を迎える。

ドクターが「今日は金曜の夕方だから、もう（事務が）無理だけど、退院は土日でもいいよ」とおっしゃる。

お〜、渡りに船やないけ！　土日ならダンナがいるから、手伝わせることができる！

そう思い、嬉々として老人ホームに連絡した。

すると「土日はスタッフが少ないので無理です。月曜以降にしてください」とホーム。

まさかのホーム側からの却下だ。

しかしまあ、食事も流動食が取れるかどうかの要観察のお婆さんにいきなり帰って来られても困るってもんだろう。仕方ない、退院は月曜日！　と決めたら、そこで問題が勃発した。

この1ヵ月弱の期間、毎日、病院通いコンプリートの私に高熱が出たのだ。

「ううう、ハレの日は明日だというのに、なんで日曜の夜から熱が出る⁉」

「しかも、こんな時に限って、きょうだいはふたりともよりによって海外」

「ダンナは出張予定。わが子は遠くで働き、当てにはできない」

「退院日は既に告知済み。事務手続きもそれで組まれている」

「何より、母が退院したがっている」

……結論！　**私が行くしかない‼**

老人ホームがありがたいと思うことはたくさんあるが、この時も救われた。

ホームに窮状を訴えたら、スタッフがナース付きでお婆さんを迎えに来てくれるという。

ただ、支払いやら、次回の予約やら、服用薬云々やら、病室の荷物整理などは「やはりご家族様が」ってことなので無理を承知で特攻したが、この時の私の体温は39度を突破していた。

とにかく、母をホームのスタッフに押し付け、連れ帰ってもらうように促す。

すると何やら、病室前の廊下で揉めている声がした。

廊下に出てみると車椅子の上で母が何かをしきりと訴えているのだ。

師長が飛んでくる。

「はいはい、静子さん、わかったわよ。お土産が欲しいのね？　もちろん、お渡ししますよ」

そう言うと、透明な大きなビニール袋に病院専用の巨大な尿取りパッドを1枚入れて母に渡してくれた。

「ほら、やっぱりもらえるじゃない」

こう言いたげな、勝った感満載な母がいる。

車椅子の膝の上で、裸の尿取りパッドが入ったビニール袋を大事そうに持ってニコニコしている老婆は、紛れもなく私の母なのだという事実を認識しながらも、私はこれからの介護生活が、より壮絶なものになるであろうことを痛いほど感じていた……。

TORII 34 RINKO

退院狂騒曲（その2）

オンナって、灰になるまでオンナなのかもしれない

ボケというものはホーム長に言われたとおり、辛い過去も、未来への不安も一瞬にして消し去る老人への特効薬なのかもしれない。

お姑さんとの同居介護を強いられている友人ヒメちゃんが、ある日、私にこう言った。

「りんこ、頭がしっかりしているけど、体が思い通りにならない老人と、体は健康体だけど、頭がイッチャッテ、ひどい認知症になっている老人の介護とでは、いったいどっちが大変なんだろう?」

私はその時、

「いや、どっちも（介護は）嫌だ！　やりたくない！」

と主張したのだが、お姑さんのボケ症状に悩むヒメちゃんから、次のような話を聞いて爆笑した。

ある日、ハハが階段下から私を大声でお呼びになるわけ（ヒメちゃん宅はお姑さんが1階、

息子世帯が2階住まいの2世帯住宅)。

私はちょうど晩御飯をアセアセ作っていたんで、『チッ、こちとら忙しいんだよ!』感を満載に出しながら、「おかーさん、なんですか?」って、階段の上から下に向かって声を投げかけたの。そしたらハハは、

「いや、ちょっと降りて来てよ! ここでは大声で話せないわ(もじもじ)」

とおっしゃるわけ。しょうがないから、降りて行ったわよ。そしたら、ハハはこう言ったの。

「ヒメちゃん、私、生理になっちゃったの(だから、ナプキン、持って来て)」

トイレに入ったら、血がポトリってなったのに気が付いちゃったんだって、ハハが。それで、即座にこう考えたらしいの。

「あら、生理が来ちゃったから、ナプキンないといけないじゃない! これは息子にも孫にも言えないから、まずは嫁にこっそり言わなくちゃ」

って。ハハの脳内数式では『血が出た=生理』ってわけね。私はもちろん、言ったわよ。

「いや、おかーさんはもう生理なんかないでしょう?」

でもハハは、「どうして? あるわよっ! (ふん!!)」って聞く耳持たず。

それで、私はこう言ったの。

「んもーっ! んじゃ、おかーさんは何歳ですか? 生理あるわけないでしょ? (怒)」

そしたら、ハハはこうおっしゃるわけ。

「えっと……。**70歳!!（威張りっ）**」

ハハは御年94歳なのよ！　もう私は半分、呆れて、

「おかーさんは94歳でしょ！　その年で生理あったら、テレビに出られます！（ぷぷぷ）」

って。そしたら、ハハはこう言い返してきたの。

「どーして、アナタはそんなことを言うの？　あら、私は40歳だったかしら？」

私は呆れながら、「すごいなぁ、おかーさんは私より若いんですね」て言ったんだけど、内臓疾患かなんかで下血した可能性もあるから、急遽『肛門科』へ連れて行ったのよ。

すると、ドクターからあっさり『痔ですね！』認定。

「ぢ……ですか」って思わず拍子抜けしちゃったわよ。

その後はね、簡単な手術をしたんだけど、それからも少し、血が出ちゃうことがあって、今度はそのたびに**「私は癌！」**って大騒ぎなさるってオチよ……。

私は他人事だから、もう大爆笑で、

「気に入った、その話！　私も年取って、呆けたら、絶対にそれ、やろう♪

『（125歳のご長寿）りんごに生理が来た！　子宮、準備オケ、まだ産める！』

って騒ぐの♥」

と、ひとりで盛り上がっていたのだが、ヒメちゃんは「あら、気に入った？　そんな話は売

るほどあるよ」と言って、お姑さんの新たな話をご披露してくれた。

ハハには日課のデイサービスに通う時に、『必ず持ち歩かねばならない』バッグがあるのね。別に持って行く物とかもないから手ぶらでもいいんだけど、そのバッグを持っていないと、落ち着かないみたいなの。

で、その中身って、小さな手鏡と1枚ずつ丁寧に折りたたんだティッシュの束。それとブラシ、ハンカチなんだけど、それを持つと安心するみたいだから、私も時々、チェックをしつつ持たせていたのよ。

それで、ハハはデイサービスから家に帰ってきて、夕方から夜になると不安定になるから（認知症によくある症状で、赤ちゃんの黄昏泣きと一緒）、部屋中のタンス、クローゼット、鏡台の中身をドロボーに入られたがごとく、とにかく全部、ぜ〜んぶ、出しまくるんだわ、毎日ね。

その時に私が片付け忘れたか、どこからか発掘した口紅が出てきたらしくてね。私に言うと取られちゃうから、お出かけ前に、コッソリと真っ赤にぬりぬりした模様なの。でも、それが口紅だってことは認知できないわけ。

多分、それはハハにとって『口紅じゃなくてファンデーション』だったんだね。**だから顔中、真っ赤っか。**

それを目撃した私は「ひゃーっ!?」状態。

「もうデイサービスの車のお迎えが来ちゃう!」ってパニクったわ。

でもあちらも慣れていらっしゃるから、スタッフは落ち着いたもん。

「こちらでなんとでもしますから（キッパリ）」って赤鬼の顔のまま、デイサービスに連れていかれましたとさ。

どう、この話、気に入った？（笑）

94歳のお婆さんがルージュで顔中を塗りまくりって、どんなホラーだ!?

恐怖を通り越して、笑いしか出ないのであるが、ウチの母も腸閉塞の手術後にはこんな話を繰り返し、していた。

「この病院に手術を失敗されて、2回もお腹を切られたのよ！」

当然ながら、病院の名誉のためにも私は訂正する。

「切ったのは1回だけな。しかも、大成功！」

それでも、母は口を開くたびに同じことを繰り返し、しまいにはこう言い出したのだ。

「先生がお腹の中に男の子を入れた！」

あ？　何？　その斬新な発想。

しかし、私はその話はなんだかとても面白かったので、こう返したように記憶している。

「へー？　産むの？（大笑）」

「産むしかないでしょ！　もう（男の子を入れて）縫われちゃったんだから！（キッパリ）」

母が世界最高齢での出産を喜んでいたのかは謎であるが、私はヒメちゃん姑の生理話を思い出して「女って灰になるまで女なんだなぁ……」って感慨深く、母を見つめていたのだ。


そして、先述した「母は退院。私は高熱」のところまで話は戻る。

退院する母の車を見送るために病院のロータリーまで付き添った私。

母は私の顔を見て、こう言った。

「アンタ、熱あんじゃないの？」

おっ！　さっすが母親!!　娘の悲惨さに、遅ればせながらではありますが、ようやく気が付きましたか!?

私は得意気にこう返したのだ。

「あるよ！」

さあ、母よ、私をねぎらうが良い。ねぎらいのお言葉の発表、カモン！

すると母は即座に私に対する興味を失ったらしく、何の返答もなく車椅子のまま、ホームの送迎車に召喚された。

ここでいきなり教訓である。

家族が入院した際の注意事項を発表したい。

教訓　病院付き添い時には補正下着の着用を禁ず！

説明しよう。

私が「鬼の霍乱《かくらん》」とでも呼ぶべき高熱を伴う風邪を引いた理由は分かっているのだ。遡ること1週間前、私は最早、鎧とでも形容すべき補正下着を身に着けて、母を見舞っていた。病院へ行くのに、わざわざそんなもんを身に着ける必要はなかったのだが、何もすることがない病院奴隷の毎日の中で、少しでもわが身のシェイプアップを図りたかったのだ。

しかし、大誤算が発生した。

「病院内は暑い」→「私も暑い」→「かなり汗ばむ」→「しかし、自力で脱げない」→「何故なら、私は鎧を着用」→「結果、惨敗」。

結論、病院には患者も付き添いも脱ぎ着のしやすい格好で行きましょう！

というありがたい金言を得たのである。

母を乗せた車が病院ロータリーを出て行く。私は熱でボーっとした頭でこう思った。

「あっ、母に私の弟はいつ生まれるのかを聞くのを忘れた〜」

次回、母に会う時まで、この話を母が憶えていると面白いのになぁと思いながら……。

（完）

りんごの4コマ劇場 2

どんどん若返る

8月
お父さんが『夕飯は？』ってうるさいから、家に帰らなきゃ
そうなんだ〜
10月
そろそろ、子供たちが帰ってくる時間だからおいとましますね
そうなんだ〜
12月
遅くなると母が心配するから、もうお家に帰らなくちゃ！
そうなんだ〜
若返ってね？

おわりに

この本は前作の出版以来2年8ヵ月、ようやく皆さまの元にお届けすることが叶った作品ですが、実は当初の予定より、ほぼ1年遅れで完成にこぎつけた次第です。

完成が遅れた理由は、この本の主人公である母が亡くなってしまったからです。母は難病患者とはいえ、その進行度合いがとてもゆっくりしていたため、「学説をひっくり返すくらいの長生きをするだろう」との未来予想図を描いていた私には、母の死は青天の霹靂でした。

介護本第2弾となる本作は、主に一次相続（夫婦のどちらかが死亡した際の相続）から、遺された親が呆《ほう》けるまでに、親のために子どもが知っておかねばならないことを綴ったものになりましたが、私は近日中に第3弾の執筆に着手しようと考えています。

10年超にわたった両親の介護は、私に「〝死〟とは、いかに生きるかの裏返し」という強烈な思いを残しました。介護はする方もされる方も壮絶な場面に遭遇しやすいものですが、親は老いて死んでいく姿を子に見せることで、最後の教育を施すのだという実感があります。

もしよろしければ、第3弾の出版をお待ちいただき、介護本シリーズ3部作として楽しんでいただければ、著者としては嬉しく思います。

この本を最後までお読みくださいまして、ありがとうございました。この本が皆さまの「納得充実の介護」の一助になりますよう、祈りと感謝を込めて筆を置きます。

２０１８年1月　鳥居りんこ

［著者］

鳥居　りんこ（とりい　りんこ）

エッセイスト、教育･子育てアドバイザー、受験カウンセラー。1962年生まれ。2003年、『偏差値30からの中学受験合格記』（学研）がベストセラーとなり注目を集める。執筆・講演活動を通じて、わが子の子育てや受験、就活に悩む母親たちを応援しているが、近年は介護問題についても実体験を踏まえたアドバイスを行っており、2015年に『鳥居りんこの親の介護は知らなきゃバカ見ることだらけ』（ダイヤモンド社）を出版。その活躍のフィールドを広げている。

◉公式ホームページ「湘南オバちゃんクラブ」http://to-rinko-houmonki.blogspot.jp/

［監修］

栗田　和彦（くりた　かずひこ）

一般社団法人 相続・事業承継コンサルティング協会会員　◉kurita@fsg117.co.jp

高柳　達哉（たかやなぎ　たつや）

一般社団法人 相続・事業承継コンサルティング協会会員　◉tatsu-t@d5.dion.ne.jp

親の介護をはじめたらお金の話で泣き見てばかり

知らなきゃ損する! トラブル回避の基礎知識

2018年２月７日　初版発行

著　者――鳥居りんこ

発行所――ダイヤモンド・ビッグ社

〒104-0032　東京都中央区八丁堀2-9-1

出版開発事業部　TEL 03･3553･6634

http://www.arukikata.co.jp/

発売元――ダイヤモンド社

〒150-8409　東京都渋谷区神宮前6-12-17

販売　TEL 03･5778･7240

http://www.diamond.co.jp/

印刷・製本―ダイヤモンド･グラフィック社

装丁デザイン―オセロ

表紙･イラスト･漫画―渡邉杏奈

本文デザイン―ベクトル印刷

編集――――斎藤真史

ISBN 978-4-478-82153-4

落丁・乱丁本はお手数ですがダイヤモンド社販売宛にお送りください。送料小社負担にてお取替えいたします。ただし、古書店で購入されたものについてはお取替えできません。